分断社会・日本

なぜ私たちは引き裂かれるのか

井手 英策、松沢 裕作 編

岩波ブックレット No. 952

Ⅰ　分断社会の原風景

――「獣の世」としての日本

松沢裕作・井手英策

「獣の世」

なぜ、日本社会は引き裂かれ、分断されているのだろうか。その歴史的淵源を、さしあたり、わたしたちは、日本の近代社会の形成過程にもとめたいと思う。

日本の近代社会は、明治維新という政治的な変革と、新政府のもとで推進された廃藩置県や地租改正などの諸改革の結果として形成された。

この明治という時代をどうとらえるか。今日、明治日本については、政治指導者から一人ひとりの国民までが一致団結して、「近代化」を追いもとめた、いわば「価値観が共有された時代」としてとらえる見方が一方にある。もし、本当にそうであるとすれば、そこに社会の分断は存在しなかったということになるだろう。

しかし、この明治社会を「獣の世」として喝破《かっぱ》した同時代人がいた。大本教という新しい宗教の開祖となった出口なおである。なおは、江戸時代末期の一八三六年、現在の京都府福知山市に生まれた。そして、明治時代も半ばを過ぎた一八九二年、突如神がかりを起こし、神の言葉を語り始める。

外国は獣類の世、強いもの勝ちの悪魔ばかりの国であるぞよ。日本も獣の世になりて居るぞよ……是では国は立ちては行かんから、神が表に現はれて、三千世界の立替へ立直しを致すぞよ。（安丸、一九七七）

神の言葉として、出口なおは、明治日本を弱肉強食の「獣の世」として描き出す。そうした「獣の世」が神によって「立替《たてかえ》」えられるという終末論的予言が、なおの教義の核心であった。なおにとって明治社会は、まさに「人間の群れ」（井手、二〇一五）に他ならなかったのである。

なぜ、出口なおは、神がかりを起こしたのであろうか。民衆史研究者の安丸良夫は、江戸時代後期の民衆のあいだに広く定着していた「通俗道徳」的倫理観に注目する。安丸によれば、江戸時代後期の商品経済の急速な浸透によって、民衆は商品経済に巻き込まれ、「家」ごと没落する危機に直面した。そうした事態に直面した民衆は、勤勉、倹約、謙譲、孝行などの規範を内面化し、それに従うことで家没落の危機を回避しようとした。こうした勤勉、倹約、謙譲、孝行などの規範が「通俗道徳」である。

出口なお自身、こうした通俗道徳の厳しい実践者であった。しかし、それにもかかわらず、なおの一家は没落し、なおは、社会の最下層の職業であった屑拾いに従事するにいたる。

当然のことながら、市場経済社会において、努力したにもかかわらず失敗する人間は、常に存在する。しかし、通俗道徳、すなわち、「勤勉に働き、倹約に努め、努力するものは成功する」

というイデオロギーを前提とすると、経済的な失敗者は、そのまま通俗道徳の実践が十分ではなかったとみなされる。通俗道徳的イデオロギーのもとでは、経済的な失敗者は、そのまま道徳的な敗北者なのである。

経済的失敗者の意識のなかには、自分は、通俗道徳の実践にもかかわらず、なぜこのような悲惨に直面するのか？という不条理感が蓄積されていく。そうした失敗者が通俗道徳の実践に費やしたエネルギーは、「ニヒリズムやひそかな怨恨」に転化し、「歴史の藻屑」となった、と安丸は言う。

その数すくない例外として安丸が挙げたのが、出口なおである。自分が通俗道徳を実践したにもかかわらず、失敗したとすれば、それは自分が間違っていたのではなく、世の中が間違っていたと考えざるを得ない。なおは、神がかりを跳躍板として、通俗道徳の実践に投入した膨大なエネルギーを反転させ、明治社会のあり方を「獣の世」として批判する視座を獲得したのである。

明治維新と「万人の万人に対する戦争」

それでは、なぜ出口なおの眼に、明治社会は、「獣の世」、つまり、弱肉強食の世界としてうつったのであろうか。

通俗道徳が支配する社会とは、「努力は必ず報われる」という建て前のもとで、勝者と敗者が存在するような社会である。しかし、個別の人生一つひとつをとりあげてみれば、そこには多くの偶然が介在するから、実際には努力が必ず報われるという保証はない。

それにもかかわらず、ひとびとは、自らが通俗道徳を実践したことを証明し、社会的な承認を勝ち取るために、経済的に成功しなければならない。結果として発生するのが、成功をもとめるための、あらゆる手段を尽くした競争である。勤勉、倹約、自己規律をもとめる通俗道徳は、逆説的に、生き馬の目を抜くような、「万人の万人に対する戦争状態」としてのホッブズ的世界を招きよせてしまう。これこそが、出口なおが「獣の世」とよんだ明治の「分断社会」である。

通俗道徳が広まり始めるのは、江戸時代の後半である。それがこうした極端な競争社会に全面化するのは、明治維新によって江戸幕府が崩壊し、それまでひとびとの行動に枠をはめていた江戸時代の身分制的秩序が崩壊した後である。

江戸時代の身分制社会は、ひとびとを、村、町、藩のような小集団に束縛する点で、これもまた一つの分断社会ではあった。しかし、急激な変革によってそうした仕組みが破壊され、通俗道徳的実践だけがひとびとの支えになるような社会が到来すると、今度は競争の勝者と敗者のあいだの新しい分断が生まれるのである。そして、現在の分断社会の原型となったのは、この明治に生まれた分断の形であった。

そもそも、明治維新で成立した政府は、それが「藩閥政府」とよばれるように、幕末・維新の激しい政争と戊辰《ぼしん》戦争という軍事的競争を、権謀術数の限りを尽くして勝ち抜いた一部の藩の出身者から構成されていた。結果として、競争を勝ち抜いたという以外に、彼らの権力に正統性は存在しない。

そして、幕末の競争を勝ち抜いた者たちの地位が、新政府の成立後も安泰であるという保証もまた存在しない。明治政府は分裂を繰り返し、そのたびにかつての権力者の一部は、権力の座から追放されていった。追放された者たちは「彼ら」ではなく「自分たち」こそが権力の担い手としてふさわしい、という再度の競争を挑むことになる。

国会の開設によって政治参加を拡大させようとする自由民権運動は、このようにして始まった。

地方利益政治による統合

こうした政治状況のもとでは、権力の担い手と、その批判者の間には、相互不信しか存在しない。一八九〇年に帝国議会が開設された後も、その状況は変わらなかった。

自由民権運動の流れを汲み、藩閥政府を批判する立場にたった「民党」(野党)の主張は、「民力休養」を旗印とする減税であった。しかし、民党の藩閥批判は、政府が推進する個々の政策への批判というよりも、政府それ自体が信用できない、そのような信用できない政府に大きな財源を与えることはできない、という論理でなりたっていた(坂野、一九七一)。つまり、明治期の財政は、二〇世紀後半の日本財政が直面したのと同様の「連帯の危機、政治的対立の深化、そしてそれらが醸成した租税抵抗」(井手、前掲書)に苦しめられていたのである。

通俗道徳は、もともと市場経済化のなかで、家の没落を回避するために形成された規範であるから、誰からも助けられることなく家が存続できるように、個々人が能力を尽くして働くこと、すなわち「勤勉」に至上の価値が置かれる。

その「勤勉」を補うものが、危機に直面しても他者からの助けを仰がずに済むだけの貯蓄を持つための「倹約」である。そのような通俗道徳は、弱肉強食の競争社会を生み、その競争社会は、政府不信と租税抵抗を権力闘争に利用する議会を生んだ。

こうした性格を持つ議会が、経済的弱者のための施策に熱心であろうはずがない。当時、現在の生活保護法に対応する貧困対策制度としては、一八七四年に制定された「恤救規則《じゅっきゅうきそく》」が存在した。だがこの法律は、少しでも労働能力があるものをまったく救済の対象としないという、厳しい制限救助主義の法律であった。こんにちの「自助」に通ずる制度設計である。

一八九〇年の最初の帝国議会に、政府は、この制限を緩めた「窮民救助法」案を提出するが、議会はこれを廃案にしてしまう（池田、一九八六）。同様の試みはその後もなされたが、実現することはなく、結局、「恤救規則」は一九三二年に「救護法」が施行されるまで、六〇年弱にわたって存続することになった。近代日本において、経済的弱者を救うことが「濫救《らんきゅう》」であり、「惰民《だみん》」を増加させるものだ、という論理はこうして定着した。

藩閥政府と民党の対立を統合し、明治社会をかろうじて安定に導いたのは、いわゆる地方利益誘導型の政治であった（有泉、一九八〇）。地方選出の政治家が道路建設や鉄道敷設、河川修築などをその地方に誘致し、その見返りに政治家は地方選挙民からの支持を調達する。こうした地方利益、つまり社会資本整備のやりとりを通じて、民党は、「民力休養」の旗をおろし、一定の増税に合意するにいたる。「弱者の救済」という目標ではなく、社会資本整備を通じた経済成長という目標が、政府と民党の間で増税の合意が作られるためには必要だった。

藩閥政府と民党の和解は、政治的には一九〇〇年、自由民権運動以来の系譜を引く自由党が解党し、藩閥政府の首領伊藤博文を総裁に戴いて立憲政友会に改組されることによって一つの到達点を迎える。このプロセスを、自由党の側から指導したのは、星亨《ほしとおる》という政治家であった。星は、地方利益誘導という「汚い」政治手法で自由民権運動を堕落させた悪徳政治家のように評されることがある。

しかし、星は、出口なお同様、貧しい下層民の出身者であった。そして、刻苦・勤勉という通俗道徳の実践の結果として、イギリス留学の機会を自分の力で勝ち取り、日本で初めてイギリスでの弁護士資格を取得したという立志伝中の人物である。その星は、イギリス留学中に、日本で単身苦労する妻を叱咤激励し、「只飲み食ひして生涯を送るは、馬猫と同様実にはづかしき事である」と書き送った(有泉、一九八三)。

通俗道徳の実践者としての星もまた、出口なおと同じく、「獣の世」としての明治社会に「人間の社会」としての連帯を取り戻す手段を構想した人間であったのかもしれない。

ただし、利益誘導型政治の直接の受益者は、各地の地主・資産家・政治家といった、競争の勝者たちである。社会資本整備の直接の恩恵にあずかることのできない者たちは、競争の勝者の地位を目指して「立身出世」の競争を繰り広げることになる。そこで発生する敗者の怨恨、努力を重ねても立身出世の可能性のないひとびとのやり場のない不満は、その後の国際情勢や経済状況の変化によって顕在化し、社会の安定を脅かすことになる。

「皇国勤労観」の登場

通俗道徳的な規範に立脚した社会にとって、最大の危機は、アジア・太平洋戦争とその敗戦であった。しかし、結論からいえば通俗道徳は、「勤労」や「倹約の美徳」の思想となって、この危機の時代を生き延びた。

地方利益誘導型の政治をつうじた社会統合は、昭和恐慌期を経て、政友会出身の高橋是清による経済政策、いわゆる高橋財政のなかで大々的に展開された。だが、二・二六事件のあと、アジア・太平洋戦争へといたる時期にかけて、政党政治による利益分配は、はるか遠景へと退いた。国家の総力を挙げて戦争を遂行するため、自由主義的な市場経済が否定されるなかで、通俗道徳的な「勤勉」と「倹約」に頼らない新しい社会のあり方も模索された。戦争の遂行のためには生産力の向上が必要であり、そのためには、働く国民の生活を国家が保障する必要があるという考え方である。

たとえば、衆議院議員の三宅正一は、戦争遂行のために日本経済の重工業化をすすめ「生産力国防国家」を建設すべきだと主張したが、そのためには「年を取っても老後の心配もない、子供を学校にやるに付ても何の心配もない、斯う云ふ点に付て国家が保障するような保険制度」の構築を説き、そうした制度ができるならば「最低生活費以外の金は全部取上げてしまっても差し支えない」と、一九四〇年の議会で述べている(高岡、二〇一一)。自己努力による競争ではなく、国家による社会保障が総力戦と収奪を可能にする、という主張である。

実際、戦時体制下の日本では、国民皆保険がめざされた。しかし、日本においては、こうした方向での社会改革には限界があった。限られた資源しか持たない日本が、中国やアメリカを敵に回して戦争をすることにはそもそも無理があり、そうした資源の制約のもとでは、社会保障の充実による総力戦体制の構築は不可能だったからである。

政府は、結局、一人ひとりの通俗道徳の実践という従来の価値観を、家の存続と個人の立身出世を目的とするものから、国家を目的とするものへと転換して総力戦を乗り切ろうとした。それが「皇国勤労観」である。

一九四〇年一一月閣議決定「勤労新体制確立要綱」では、勤労を、皇国民の責任、栄誉であるとさだめた。そして、能率を最高度に発揮すべきこと、服従を重んじ、共同して産業の効率性を発揚すべきこと、創意的、自発的たるべきこと、を国民にもとめた。これに貯蓄奨励運動を重ね合わせてみよう。勤勉、倹約、自己規律等、江戸時代後期以来の通俗道徳が、総動員体制のもとで、新たな装いに鋳《い》なおされたのである。

保守と革新、右派と左派を虜にした「勤労」の思想

アジア・太平洋戦争による生活水準の低下は、同じ敗戦国であるドイツに比べても大きかったと推定されている。そのようなことが可能だったのは、ひとえに生活水準の切り下げに国民が耐え続けたためであった(中村、一九七七)。

通俗道徳に支えられた国民の努力は、皮肉にも悲惨な戦争を継続させる条件になってしまった。そして、さらに皮肉なことに、皇国勤労観の基礎に伝統的な倫理観があったからこそ、勤労という概念は、戦争の凄惨な記憶が生々しく残った戦後初期にあっても、その命脈を保ち続けた。

占領期は、江戸時代の身分制的秩序が崩壊した明治期と相似形をなしていた。戦争の終結とともに社会的な価値が根底から覆され、新たに階級的秩序が模索された。しかし、敗戦という大きな衝撃を受けてもなお、近世以来の日本人の伝統的な倫理観は、依然として、政治的イデオロギーの中心の座に居座り続けた。

総動員体制のもと定着した概念ではあったが、日本人の心性に強く訴えかける勤労という言葉は、労働者の勤勉さを端的に表現するものとして、左派にも好んで用いられた。

一九四五年一一月に出された日本社会党の綱領には、「わが党は勤労階層の結合体」である、と最初に記され、翌月に出された日本共産党の運動綱領でも、勤労大衆、勤労者、勤労同胞など、勤労という用語が八度も用いられた。そして、とうとう、日本国憲法第二七条では、勤労は国民の義務であるとされるにいたったのである。

もちろん、自由民主党も、この流れの埒外《らちがい》にはいられなかった。自民党は、結党時の綱領のなかに「民生の安定と福祉国家の完成」を掲げ、岸信介政権における国民皆保険・皆年金制度の立法化を経て、池田勇人政権期にその骨格を完成させた。

池田は、日本の福祉国家の中核に、「勤労者に対する」減税と、「人間の勤労の能率をよくし、生産性を高める」公共事業とを据えた（池田、一九五二。傍点は引用者）。戦争中に課された高い租税負担を背景に、占領期に左派は激しい反税運動を展開していた。政府は、中低所得層の租税負担をどのように軽減するかという、「民力休養」が叫ばれた明治時代と同様の租税抵抗に直面したのであった。池田は、脱税が常態化していた申告納税と比較して、源泉徴収のため負担感の大きかった「勤労者」に照準を合わせ、労働の成果をふたたび勤労者に還元する手法を選択することとした。

一方、源泉課税の五割以上は、東京、大阪、愛知の都市部で徴収されていたから、所得減税は都市中間層に偏った利益分配を意味していた。政治的均衡を図る必要から、政府は全国総合開発計画を梃子《てこ》として、社会資本整備を拡大した。藩閥政府と民党が合意した明治時代と同様、ただし、軍事費の負担が消失し、減税が可能となった状況のもとで、成長を目的とした地方利益誘導型の政治がふたたび開花したのである。

「獣の世」と化した分断社会

もう一度思い出そう。通俗道徳のもとでは、経済的な失敗者は、そのまま道徳的な敗北者を意味したし、経済的弱者を救うことが「濫救」、「惰民」を増加させるものだとみなされた。この思想は、明らかに、戦後へと繋がっていった。それは、池田が、「救済資金をだして貧乏人を救うんだという考え方」を批判し、占領期の社会政策を「贅沢過ぎ」だと断罪した事実に端的に示されている(池田、前掲書)。

政府は、勤労者に税を戻し、低所得層には公共事業をつうじて就労の機会を提供した。しかし、反面で、社会保障は、勤労の責任をまっとうした高齢者への「報償」と、道徳的な敗北者に対する「救済」で構成され、範囲と規模が厳しく限定された。このことは、自分たちの生活の必要、すなわち、住宅、教育、老後の生活等に必要な費用を、自分たち自身の手で稼得しなければならないことを意味していた。ひとびとは「倹約の美徳」を賞賛し、将来に備えるため「貯蓄」に励んだ。勤労を前提とし、社会保障を限定する自己責任型の福祉国家、まさに「勤労国家」の面持ちであった。

奇跡的ともいうべき高度経済成長期の所得増大によって、多くのひとびとは、自らの責任で生活の安定を確保することができた。社会における道徳的な敗北者は、ごく少数者にとどめられたわけである。幸運なことに、出口なおの案じた「獣の世」は、ここでは、限定的にしか立ち現れず、それどころか、先進国を代表する平等主義的な国家が実現された。

しかし、バブル崩壊後、状況は一変する。

減税と公共事業に支えられた勤労国家の発動も虚しく、国際的な賃金下落圧力が景気回復を妨げ、巨額の政府債務が積みあがった。また、少子高齢化が進み、専業主婦世帯と共働き世帯の地位も逆転した。近代家族モデルは破綻した。

グローバル化を背景に、国内の資金循環構造は転換し、倹約の象徴である民間貯蓄の大部分が、家計貯蓄から企業貯蓄へと置き換えられた。このことは、雇用の非正規化が進み、所得水準が低下することで、企業が内部留保を増やしたことの裏返しだった。非正規労働者は全体の四割に達し、多くのひとびとが生活苦に直面した。非正規労働の多くは、女性に割り当てられ、経済的理由から出産を断念したり、子育てと就労の両立ができず、職を離れたりする女性も後を絶たない。

戦時期の厚生官僚であった可知博一は、皇国勤労観を語るとき、日本人にとって勤労とは、「楽しみが湧くこと」であると表現した(可知、一九四四)。だが、バブル崩壊後、そもそも自らの勤労によって生活を成り立たせていた国家のなかに、追い打ちをかけるように、市場原理や競争原理、自己責任論が持ち込まれた。

平等主義国家は消えた。多くのひとびとにとって、働くことは苦痛でしかなくなり、勤労の先に待ち構えるのは、貧困のリスクであった。通俗道徳は労働者にとって精神的な負荷となり、努力の果てに没落するひとびとの悲鳴が社会を切り裂こうとしている。「獣の世」の再来である。

いまの日本社会は、通俗道徳の実践にエネルギーを費やした、多くの失敗者で溢れている。過酷な競争社会に疲れ、就労の苦痛のなかで日々の生活に耐えるひとびとは、働かずに収入を得る生活保護受給者を非難する。没落の危機に怯える中間層も含め、生活に不安を覚えるひとびと、政治やマスメディアに利害を代弁してもらえないことに不満を持つひとびとは、反知性主義的な言説を支持し、急速に排外主義化した。鳴り止むことのない公務員バッシングの一方で、親がわが子に公務員になることを希望するさまは、滑稽でさえある。

いまや、メディアを覆い尽くすのは、自分よりも弱いものを叩きのめす「袋叩きの政治」であり、強者への嫉妬、「ルサンチマン」である。そして、社会的な価値の共有の難しさが連帯の危機を生み、地方誘導型の利益分配も機能不全に陥るなか、不可避的に強められるしかない租税抵抗が、財政危機からの脱出を難しくしている。「獣の世」としての明治社会は、まさに今日の「分断社会の原風景」だったのである。

近代化が進められたプロセスにあって、わたしたちは、既存の秩序が綻《ほころ》びを見せるたびに、繰り返しこの原風景へと立ち返ってきた。世界史的な人口縮減期に入り、持続的な経済成長が前提とできない時代、いわば近代自体が終焉へと向かう時代がわたしたちの目の前に広がっている。

わたしたちは、新しい秩序や価値を創造し、痛みや喜びを共有することを促すような仕組みを作りだすことができるだろうか。あるいは、経済的失敗が道徳的失敗と直結する社会を維持し、叶《かな》わぬ成長を追いもとめては、失敗者を断罪する社会をふたたび強化するのだろうか。明治維新から約一五〇年。これからの一五〇年のあり方がいま問われている。

＊　本稿は、『世界』（二〇一六年四月号）所収「〈問題提起〉分断社会の原風景」に一部加筆・修正したものである。

〈参照・引用文献〉


有泉貞夫（一九八〇）『明治政治史の基礎過程――地方政治状況史論』吉川弘文館。

有泉貞夫（一九八三）『星亨』朝日新聞社。

池田勇人（一九五二／一九九九）『均衡財政――附　占領下三年のおもいで』実業之日本社／中公文庫。

池田敬正（一九八六）『日本社会福祉史』法律文化社。

井手英策（二〇一五）『経済の時代の終焉』岩波書店。

可知博一（一九四四）「欧米伝来の人生観と皇国勤労観の独自性」『内外労働週報』第五八九号。

高岡裕之（二〇一一）『総力戦体制と「福祉国家」――戦時期日本の「社会改革」構想』岩波書店。

中村隆英（一九七七）「戦争経済とその崩壊」『岩波講座　日本歴史21〈近代8〉』岩波書店。

坂野潤治（一九七一）『明治憲法体制の確立――富国強兵と民力休養』東京大学出版会。

安丸良夫（一九七七／二〇一三）『出口なお』朝日新聞社／岩波現代文庫。

Ⅱ　分断線の諸相

1　働く人びとの分断を乗り越えるために

禿　あや美

はじめに

いま、働く人びとの分断が拡がり、深まっている。なかでも、男性と女性の間の分断、そしてそれとほぼ重なる正社員と非正社員の分断は顕著なものである。

これは、男女間賃金格差が先進国中で最も大きいことだけではない（日本のフルタイム労働者のみの場合は男性：女性＝一〇〇：七〇・六、全労働者の場合は男性：女性＝一〇〇：五二・九、EU二八カ国平均では一〇〇：七六・一、一〇〇：七六・四）[1]。正社員の労働時間は長く（週六〇時間以上働く正社員の男性は三六三万人（一七％）、女性は七二万人（八％）[2]）、過労死等は若者も含め広がりをみせ、「ブラック企業」とも呼ばれる労働法を無視した経営が例外ではなく、かなり広範にあることも知られるようになってきた。

それだけではない。グローバル経済の下で、辞令一本で国内はもちろん海外も含めて転勤することを企業の側が求めるようにもなった。しかし、家族を養う男性は、こうした働き方から逃げることができない。他方、女性も、妊娠・出産・育児といったライフイベントと正社員を続けることが両立しないため、結局、それらをきっかけに退職し、復帰後は非正規労働者となることが依然として多い(一九五〇—七〇年代生まれの母親の第一子出産一年後の就業率は二五—三〇%程度で、正社員就業率は一〇—一五%程度でしかない(3))。なんとか正社員を続けようとしても、待機児童の多い日本の保育状況では、あきらめざるを得ない地域もある(公式発表の待機児童数は二万三一六七人。二〇一六年三月一八日の衆院厚生労働委員会で明らかとなった潜在的待機児童数は四万九一五三人で、合計七万二三二〇人(4))。

このように、男性も女性もキャリアを築き、自律的に将来を設計することが難しいと言う点では共通している。とはいえ、正社員か非正社員かによって得られる賃金や福利厚生など、男女間で、社会的な資源が異なっていることは無視できない。

例えば、二〇一二年のひとり親と子の世帯の貧困率は五三・一%で、夫婦と子の世帯の貧困率一一・四%と比べると顕著に高い(5)。またこうした困難はとりわけ母子世帯に集中しており、母子世帯一二三八万世帯中、母親の八〇・六%は就労しているが、うち正社員は三九・四%、パート・アルバイトが四七・四%、平均年間就労収入は一八一万円と少ないのが現実である(父子世帯は二二・三万世帯、九一・三%が就労し、正社員は六七・二%、パート・アルバイトは八・〇%、収入は三六〇万円(6))。これは女性であること、非正社員であることが重複した結果である。男女の分断はきわめて複雑化している。

恐ろしいことに、いまや、貧困や格差といった言葉が、日本の社会を語る日常的なキーワードになりつつある。このような分断は、なぜ拡がり、深まっているのだろうか。そうした分断を乗り越え、連帯できる結節点はどこにあるのだろうか。

以下では、男性と女性、正社員と非正社員の分断を中心に取り上げることによって、分断のあり方や変化を見ていく。さらに同一価値労働同一賃金に光を当て、このような分断を乗り越える可能性を考察していくこととしたい。

男女間、雇用形態間の分断の諸相

なぜ、日本では、男女間・雇用形態間の分断があるのだろうか。

それは、まず、日本が強固な「男性稼ぎ主」型の生活保障システムをとっていることに起因する。また、それと関係して、雇用形態間差別を禁止・解消したり、差別を是正したりするための有効な政策をとってこなかったことにも原因がある。実際、女性の活躍を謳いながらも、その基礎となる差別を禁じる有効な法整備は、いまだになされようとはしていない。

これらの要因が重なり合い、日本は、先進国において有数の男女間格差のある国となってしまった。世界経済フォーラムが毎年公表している政治・経済・教育・健康等の男女間格差を示すジェンダーギャップ指数では、二〇一五年に一四五カ国中、日本は一〇一位であり、改善の速度は限りなく遅い。

ところで、「男性稼ぎ主」型の生活保障システムとはどんなシステムだろう。

先進国では、私たちの生活を営む選択肢が、家族や企業、労働組合や非営利組織などの民間の組織・制度・慣行と、政府による税・社会保障制度や労働市場の規制などの制度・政策がかみ合い、提供されている。そうした民間の制度・慣行と政府の法・政策が相互作用し、暮らしのニーズが持続的に充足される（されない）仕組みのことを「生活保障システム」と呼ぶ（大沢、二〇一三、四―五頁）。

生活保障システムのあり方は国によって様々だが、研究の深化とともに三つのタイプに整理されてきた。「男性稼ぎ主」型（例：日本）、「両立支援」型（例：北欧諸国）、「市場志向」型（例：米国）である。

日本の生活保障システムの特徴は、男性と女性に固定的な役割分担を想定し、それを前提に企業などの民間の仕組みができ、政府による政策が実行されてきたということにある。しかし、ここで注意したいのは、日本では、男性が働き女性が家庭を守るという役割分担が伝統的に受け継がれてきたわけではなく、高度成長期に導入され、一九八〇年代に完成した、比較的新しいものであるという点である。しかも、一九九〇年代はじめ頃より、男女に異なる役割を当てはめる社会の仕組みはうまく機能しなくなり、多くの人々を排除していることが明らかとなってきている。

例えば、労働の規制緩和により、とりわけ若年者の非正社員が増えたが、若年男性の非正社員の増加は、家族を形成することを難しくし、未婚率・少子化が進展する原因の一つとなっている。家族を養うための資金を男性が稼ぐ賃金に大きく依存せず、また、政府による家族への支援が十分あれば、たとえ非正社員が増えたとしてもそれがすぐに少子化につながることはなかっただろう。今日においてもなお、保育所をはじめとして、子育て支援は十分とは言えない状況にあるこ

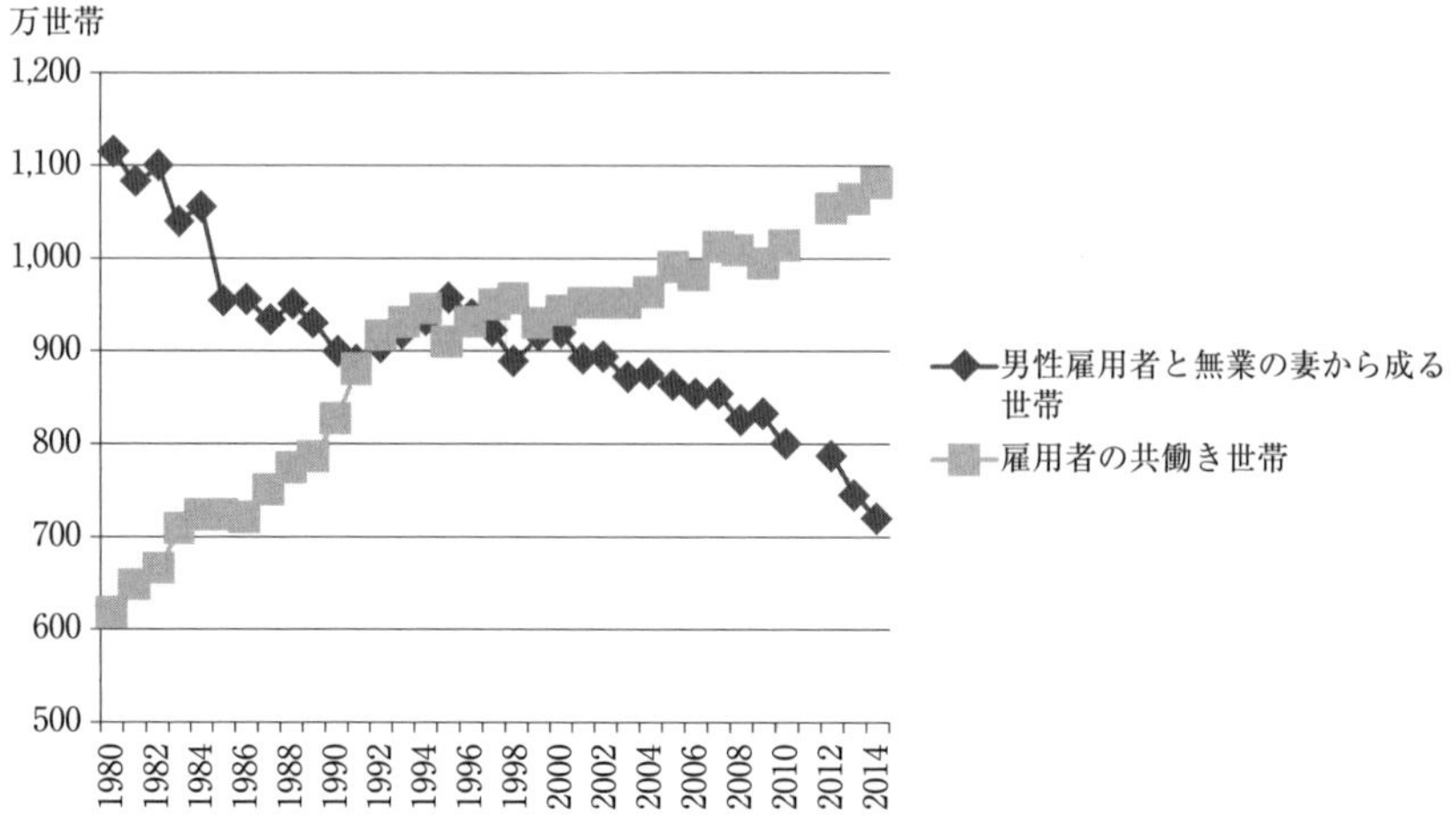

1980年から2001年までは総務省「労働力調査特別調査」(各年2月)，2002年からは総務省「労働力調査(詳細集計)年平均より作成．内閣府『平成27年男女共同参画白書』に掲載．

図1　共働き世帯数と夫のみ就業世帯数の推移

とは、意識のレベルにおいても、政策決定の場や方向性においても、こうした男女の固定的役割分担(性別役割分業)が根強いことを示している。

では、「男性稼ぎ主」を想定する社会の仕組みが時代に合わなくなっている状況を見極めるために、現在の日本の「分断」の有り様を具体的な数値で確認してみよう。

まず、世帯類型を確認すると、一九九〇年代に夫のみ就労する世帯と共働きの世帯は同数となり、その後、二〇〇〇年代は一貫して、共働き世帯が増加している(図1)。現在では、妻が専業主婦の世帯が「標準」とは、やはり言えないのである。

しかし、日本では、働く女性を取り巻く状況は厳しい。それは、企業も政府も、女性は家事・育児や介護が主であり、働くことを従と位置づけてきたからである。**表1**は、雇用者(企業等に雇われて働く者)の雇用形態を男女別に見

表 1　雇用者(役員を除く)の雇用形態別構成割合の推移

年	男性				年	女性			
	正規の職員・従業員	非正規の職員・従業員	パート・アルバイト	その他(派遣,契約,嘱託,その他)		正規の職員・従業員	非正規の職員・従業員	パート・アルバイト	その他(派遣,契約,嘱託,その他)
1985	92.6%	7.4%	3.3%	4.1%	1985	67.9%	32.1%	28.5%	3.6%
1990	91.2%	8.8%	4.7%	4.1%	1990	61.9%	38.1%	34.5%	3.7%
1995	91.1%	8.9%	5.2%	3.7%	1995	60.9%	39.1%	35.5%	3.7%
2000	88.3%	11.7%	8.0%	3.7%	2000	53.6%	46.4%	42.1%	4.4%
2005	82.2%	17.8%	8.8%	9.0%	2005	48.2%	51.8%	40.2%	11.5%
2010	81.8%	18.2%	8.6%	9.6%	2010	46.7%	53.3%	40.5%	12.9%
2015	77.9%	22.0%	10.9%	11.1%	2015	43.0%	57.0%	44.3%	12.6%

1985-2000 年は総務省「労働力調査特別調査」の 2 月の数値，2005-2015 年は総務省「労働力調査詳細集計」の 1-3 月の平均値を用いて作成.

たものであるが、男女で正社員・非正社員の比率が大きく異なることがわかる。このような非正社員の増加は、正社員の男女間の賃金格差にも影響を与えている。短時間労働者を除く一般労働者の男性の一時間あたりの所定内給与を一〇〇とすると、女性短時間労働者は五〇・七と低く、一九八九年の四二・九から改善はしているものの、依然としてその差は歴然としている。[7]

さらに、短時間勤務のパート・アルバイト割合が上昇しているだけではなく、派遣・契約社員といったフルタイム勤務者も相当いる「その他」が増えていることも注目すべきポイントである。というのも、非正規化は女性と若年に起こったことであることが、次頁の表2でわかるからだ。

表2は非正社員の比率を年齢別、男女別にまとめたものである。この表からは、一五—二四歳の若者で、非正社員の割合が二〇年間で二倍に高まっていることがわかる。井上(二〇一六)によると、

表 2　年齢階級別の非正規労働者の比率(役員を除く雇用者)

(%)

女　性	1990 年	2000 年	2010 年
15-24 歳	20.7	42.3	49.8
25-34 歳	28.2	32.0	41.6
35-44 歳	49.7	53.5	51.1
45-54 歳	44.8	52.0	58.0
55-64 歳	45.0	55.9	64.0
65 歳以上	50.5	59.6	70.2
男　性	1990 年	2000 年	2010 年
15-24 歳	19.9	38.6	41.2
25-34 歳	3.2	5.7	13.2
35-44 歳	3.3	3.8	8.2
45-54 歳	4.3	4.2	7.9
55-64 歳	22.7	17.7	27.4
65 歳以上	50.9	54.7	69.7

1990 年，2000 年の数値は労働力調査特別調査の各年 2 月の数値．総務省『労働力調査』(特別調査および詳細集計)より作成．

男女の分断の歴史的経緯

都道府県別の若年者の非正規労働者の割合と子どもの都道府県別貧困率を重ね合わせたとき、ほとんど同じ動きを示す[8]。非正規社員の労働条件は、人並みに生活するには全く不十分なものであり、そしてそれが次代の子どもの貧困にもつながっているわけだ。雇用の非正規化が社会に与える長期的影響は、深刻なのである。

「雇用形態の多様化」を標榜した労働規制の緩和が行われたが、それは、結局、正社員の少数化と非正社員の量的・質的多様化を意味するものだったこと、そしてそれは若者のなかに分断を新たに持ち込んだことを指摘しておきたい。

このように、正社員が男女ともに（しかし女性で顕著に）少数化し、非正社員が増加するという非正規化の進展は、低賃金で、不安定な労働者を増やしてきた。このことは、日本の社会にどのような問題を提起しているのだろうか。それは、格差の「正当性（待遇格差を自他ともに納得させる理屈）」はなにかということと関係している。

歴史的に振り返ると、パート・アルバイト社員が徐々に増加する一九六〇年代以前には「臨時工」と呼ばれる非正社員が製造業で多く働いていた。臨時工は本工（当時のブルーカラー正社員の呼び名）とほぼ同じ属性の男女の若者で、労働時間や仕事内容もほぼ一緒であるにもかかわらず、賃金は六割程度と低いものだった。

さすがにそれは不平等だ、ということで、「臨時工問題」が社会的に取り上げられた。労働組合も彼らを組合員に取り込み、経営側と労働条件を交渉したり、本工化を要求したりした。ようは、当時、こうした格差には正当性がないと思われたわけだが、経営側も問題の先鋭化を嫌い、臨時工を本工化していった。その背景には、当時の労働市場の逼迫《ひっぱく》がある。しかし、急速に広がる家電市場への対応のため単純労働を担う労働力への経営側のニーズは高く、臨時工は容易になくなるとは一般に考えられていなかった。それにもかかわらず、臨時工は本工となり、その制度は消えていき、代わりにパートタイマーが採用されるようになっていく。

重要な点は、パートタイマーは、臨時工のように「パートタイマー問題」として取り上げられることはなく、本工化や労働組合の組織化、処遇改善の対象にはならなかったことである。なぜなら、低賃金・不安定な処遇に正当性がないと強く主張できないような「工夫」がなされたからである。

まず、パートタイマーとして働くのは、これまで家庭にいた主婦だった。労働時間は本工より三〇分程度短く、仕事内容も本工とはなるべく重ならないよう配慮された。パート労働者について、近年を除き政策的にもっとも議論された一九六〇年代であっても、夫の稼ぎがある主婦パートは自分の処遇を不幸だとは思っていないとされ、改善に向けた取り組みはほとんどなされなかった。「男性稼ぎ主」型の生活保障システムがあるから、既婚女性のパートが差別されていたとしても深刻な問題ではない、そのように考えられたのである。

その後、八〇年代以降、小売業でパートタイマーが激増し、こうした処遇は不当ではなく、正社員とは責任が異なるし労働時間も正社員よりは短い、主婦だから仕方ない、としかとらえられなくなっていった。

同時に、八〇年代は、雇用や社会保障の政策においても「男性稼ぎ主」型が深まった時期だった。「日本型福祉社会」のスローガンの下、政府ではなく家族、とりわけ女性が福祉の担い手であるべきことが強調された(大沢、前掲書、第四章)。

一九八五年の男女雇用機会均等法は、結局、男性は総合職、女性は一般職というコース制度を導入させるきっかけを企業に提供するものだった。女性は家庭責任と両立する働き方が望ましい、そしてその労働条件は低くても夫の給料と合わせれば満足する水準だ、たとえ管理的な仕事をしていたとしても、という考え方を企業が利用し、それを政府も後押ししてきた。

このように、女性の役割を限定する法や政策の考え方が、格差の正当性を問い考えることを阻害し続けてきたわけである。その結果、日本社会に格差が蔓延した。そしてそれが一九九〇年代後半には派遣社員、二〇〇〇年以降はそれに加えて契約社員や若者にも拡大し、格差を是正しようにもすぐには出来ないくらいに深まってしまったのであった。

日本では、非正社員の労働条件改善がほとんど進まず、議論も深まらなかったが、世界を見渡せば、女性や非正社員への差別を禁止する法や制度が発達し、それに基づき各国は法整備を進め、実態を改善していった。

それにもかかわらず、日本は、法整備を怠っているため何度もＩＬＯ（国際労働機関）から問題を指摘され、「意見」や「勧告」を受け続けている。例えば、ＩＬＯ一〇〇号条約は「同一価値の労働についての男女労働者に対する同一報酬に関する条約」というが、本稿を執筆している現在、政府が突如検討を表明した「同一労働同一賃金」の発言内容や報道をみても、ＩＬＯ一〇〇号条約の理解やその後の「意見」や「勧告」を全く理解していないことがわかる。政府は一九六七年に条約を批准しただけで、法制化や政策が不十分なまま放置し、ほとんどこの問題を真面目に検討してこなかったことが透けて見える。この条約が提起する「同一価値労働同一賃金」という考え方は、現在の日本にとって非常に重要であるため、次項で改めて検討することとしたい。

では、国際的に進んだ男女の差別を禁止する方向性や格差を是正する手段を放置しながらも、日本では現実にどのような法制化が行われ、どのような結果がもたらされたのだろうか。

一九九三年に制定された「短時間労働者の雇用管理の改善等に関する法律」（パートタイム労働法）は、当初は雇用管理の改善の努力を求めるものでしかなかったが、その後何度かの改正によって、どのような差が正当であり合理的と考えるかの基準が取り入れられた。しかしその基準は偏りのあるものだった。それは、「仕事の内容・責任」と「人材活用の仕組み」が同じ場合には差別してはならないが、違うなら差を設けても法的に問題はなく、正社員との処遇差のバランスを考慮する、というものだった。

ここでカギとなるのが「人材活用の仕組み」という基準である。これは、配置転換や転居転勤が将来想定される正社員は、現時点でパートタイマーと同じ仕事をしていたとしても、それは将来のキャリアのために経験を積んでいるだけだろうし、企業における人材の位置づけが異なるので、両者の処遇を同じものにしなくてもよいというものである。簡単に言えば、正社員とパートの仕事がどんなに似通っていたとしても、正社員に転勤の予定があれば賃金格差は法的に問題にならないというわけだ。

職場には、パート以外にも、契約社員、嘱託社員といった名称でさまざまな非正社員がいる。その賃金差が差別だと訴えられないためには、正社員には転勤させればよいということになる。同じ仕事をしていても、企業の位置づけ（「身分」）が異なれば問題ない——こうした基準の導入により、パートタイマーの労働条件は放置されて当たり前になり、かつての臨時工のような契約社員が増えていても、差別とは考えられなくなっているわけである。

同時に、正社員の転勤や配置転換の強制性も高まった。このような風潮は、よりいっそう女性が正社員として働き続けることを難しくしている。正社員夫婦ともに、二―三年おきに転居転勤していれば、別居が当たり前となり、家族として生活を共にできないこととなる。もちろん、子育てにも影響がでる。共に生活するためには、夫婦のどちらかが正社員を諦めねばならないというわけで、結局女性がそうした選択をしている。

加えて、裁判所も転勤を家族のために断って解雇された労働者の訴えを退けてきたため、会社側には、強い配転命令権が与えられてきた。二〇一二年に施行された労働契約法において、仕事と家庭の調和（ワーク・ライフ・バランス）への配慮の原則が盛り込まれた。その意味では、裁判所の判断も変化しつつあるが、正社員の働き方が、「地域に根ざして夫婦共に生活したい」というささやかな望みをかなえるものとは言えない、しんどいものであることに大きな変更を加えるものではない。それは、正社員と言えば男性であり、家庭への責任は妻に任せ仕事に全力投球すべきである、といった価値観が法制化され、標準とされ、私たちに強制されているからに他ならない。

このような、どの地域で何の仕事を、残業を含めどれくらいの時間働くかという、人生で重要なことを自己決定できない正社員の働き方を標準にすることは、そうした働き方から「脱落」する人への眼差しを厳しくする。正社員で働けない、貧困になりやすい、それはその人の自己責任だ、自分は正社員として無理して頑張っているのだから！　といった意識は、人々を「分断」へと駆り立てている。

分断を乗り越える突破口としての同一価値労働同一賃金

以上のように、働き過ぎ・転居転勤当たり前の正社員か、低賃金で不安定な非正社員かの極端な二者択一しか目の前にない日本社会では、男性にも女性にも明るい将来展望をもたらさない。すくなくとも、非正社員の処遇を改善し、過酷な正社員にしがみつかなくても生活できるという選択肢を増やしていかねばならない。そこで重要なのが、先に述べた、同じ仕事をしている人には同じ賃金を保障する「同一価値労働同一賃金原則」を、正しく実施することである。

ところが、現在の同一労働同一賃金の議論は、国際標準から見ると明らかに誤っている。同一価値労働同一賃金原則とは、看護師とトラック運転手のように異なる職種・職務であっても、労働の価値が同一または同等であれば、その労働に従事する労働者に、性の違いにかかわらず同一の賃金を支払うことを求める原則である。これは、同一労働同一賃金原則だけでは、同一の仕事のみが差別是正対象となり、効力が弱いことから理論的に発展してきたものである。はっきりいって、現在の安倍晋三政権は、こういった歴史的経緯を踏まえていない。

同一価値労働同一賃金原則では、なにをもって同一価値労働と考えるかが決定的に重要となる。その比較の仕方に偏見がまじっていたり、誰かにとってのみ有利となるような指標だったりすると、公正性が疑われ、納得のいく賃金支払いとならない。

そこでなにをもって同一価値労働とするかについては、「職務分析・職務評価」によって詳細に検討されるのが一般的である。職務評価の尺度となる要素には、「知識・技能」「責任」「負担」「労働環境」の四つが広く使われており、ＩＬＯもガイドブックを出している。

こうした尺度に基づき、仕事の難易度や責任を総合した仕事の価値を点数表示することが、職務評価である。この四つの職務評価要素は、さらに比較対象となる産業や職種、企業の特徴に併

表3　職務の価値を評価する要素

	小売業の職務評価要素	地方公務員の職務評価要素
知識・技能	仕事関連の知識・技能	身体的技能
	コミュニケーションの技能	判断力と計画力
	問題解決力	コミュニケーション技能
		知識資格
負担	重量物の運搬・継続的立ち仕事などによる身体的負担	精神的負担
	人間関係や仕事に伴う精神的ストレス	身体的負担
	時間の制約に伴う精神的・身体的負担	感情的負担
責任	商品管理に対する責任	利用者に対する責任
	人員の育成･管理に対する責任	職員の管理・監督・調整に対する責任
	利益目標の実現に対する責任	金銭的資源に対する責任
		物的資源･情報･契約の管理に対する責任
労働環境	転居を伴う転勤可能性	労働環境
	労働環境の不快さ	
	労働時間の不規則性	

森・浅倉(2010)及び遠藤(2013)より作成.

せて細分化される。**表3**は筆者も参加したスーパーマーケットを対象に行った日本国内の職務評価調査と、イギリスの地方公務員の職務評価要素を参考に日本の地方自治体で実施した調査で用いられたものである。

このように客観的に職務の価値を捉え、点数化することが職務分析・職務評価であり、同一価値労働同一賃金原則を公平で客観的にするための国際標準の手法である。ちなみに日本のスーパーでこの調査をしたところ、職務評価点(一〇〇〇点満点)は正社員七五五・

五点、管理職パートは六九八・六点、一般のパートは五八六・二点で、その比は一〇〇：九二・五：七七・六だった。ところが、実際に受け取っている賃金を時給に換算すると、正社員二一五三円、管理職パート一三七七円、一般パート一〇二四円で、一〇〇：六三・九：四七・六だった。パートが仕事の価値に見合わない低賃金であることがわかるだろう。実際にどうやればこのような点数が計算出来るのかについては、説明に要する紙数が足りないため、森・浅倉(二〇一〇)、遠藤(二〇一三)を是非参考にしてほしい。

現政権下での同一労働同一賃金の議論は、このような客観的なものではないこと、同一労働同一賃金から同一価値労働同一賃金へと発展した国際標準を一切無視した時代遅れのものであること、またなによりも、職務そのものではない熟練などの属人的要素を盛り込もうとしており、現行法の「人材活用の仕組み」といった客観性に乏しく、私たちの生活をワーク・ライフ・アンバランスに追い込む基準を未だに保持しようとしている点で問題があると言わざるをえない。

これでは、雇用における日本の社会の分断は解消されない。総人口も労働力人口も減少する日本において、外国人などより多様な人々との共生が求められる時代にも通用する、公平で納得のいく基準作りをする必要がある。その際、企業本位の「人材活用の仕組み」といったわかりにくい基準や、固定化された男女の役割分担を前提にした、働き過ぎの、企業に強く拘束される基準はふさわしくない。行った仕事に対する対価としての賃金を、性別や雇用形態等に関わりなく支払われる社会こそが望ましい。それを同一価値労働同一賃金原則に基づく職務評価で行い、納得性と公平性を高める営みを実行することが求められる。

(1) 男女共同参画統計研究会(二〇一五)五一頁、二〇一〇年の数値。
(2) 男女共同参画統計研究会(二〇一五)五六頁、二〇一二年の数値。
(3) 西村純子(二〇一四)三一頁。
(4) 厚生労働省(二〇一五)「保育所等関連状況とりまとめ(平成二七年四月一日)」
(5) 阿部彩(二〇一四)「相対的貧困率の動向：二〇〇六、二〇〇九、二〇一二年」貧困統計ホームページ、二〇一六年三月二三日アクセス。http://www.hinkonstat.net
(6) 厚生労働省(二〇一二)『平成二三年度全国母子世帯等調査』
(7) 内閣府(二〇一四)『平成二六年男女共同参画白書』I-2-13図、I-2-14図　厚生労働省「賃金構造基本統計調査」より
(8) 井上伸は、『毎日新聞』二〇一六年二月一八日に報道された戸室健作(山形大学)の研究による都道府県別子どもの貧困率と、総務省「就業構造基本調査」による若者の非正規率を並べグラフ化した。http://editor.fem.jp/blog/?p=1749

〈参照・引用文献〉

大沢真理(二〇〇二)『男女共同参画社会をつくる』ＮＨＫブックス。

大沢真理(二〇一三)『生活保障のガバナンス――ジェンダーとお金の流れで読み解く』有斐閣。

遠藤公嗣編著(二〇一三)『同一価値労働同一賃金をめざす職務評価――官製ワーキングプアの解消』旬報社。

禿あや美(二〇〇九)「ジェンダー平等社会と同一価値労働同一賃金」『生活経済政策』一四八号。

禿あや美(二〇一一)「職務分析・職務評価からみたパートタイム労働政策の課題」『跡見学園女子大学マネジメント学部紀要』第一一号。

今野晴貴(二〇一二)『ブラック企業――日本を食いつぶす妖怪』文春新書。

西村純子(二〇一四)『子育てと仕事の社会学――女性の働きかたは変わったか』弘文堂
森ます美(二〇〇五)『日本の性差別賃金――同一価値労働同一賃金原則の可能性』有斐閣、一六一頁
森ます美・浅倉むつ子編著(二〇一〇)『同一価値労働同一賃金原則の実施システム――公平な賃金の実現に向けて』有斐閣。

ILO/林弘子訳(二〇一四)『衡平の促進――性中立な職務評価による同一賃金　段階的ガイドブック』一灯舎。

男女共同参画統計研究会(二〇一五)『男女共同参画統計データブック二〇一五』ぎょうせい。

内閣府(二〇一四)『平成二六年男女共同参画白書』。

厚生労働省(二〇一四)「賃金構造基本統計調査」。

厚生労働省(二〇一五)「保育所等関連状況とりまとめ(平成二七年四月一日)」。

2　住宅がもたらす分断をこえて

祐成保志

なぜ公営住宅の倍率は高いのか

住宅は、もともと社会に分断を持ち込みやすい。そのような性質は、空間を内と外に区切ることによって住宅がつくられるという単純な事実にもとづく。いちど中に入れば、窓からの視界は風景に変わり、壁を伝って聞こえる音は騒音にもなる。

そして住宅は、人が暮らす場所であるとともに市場で取引される商品でもある。資産家は空き家の管理や相続税に頭を悩ませ、家主は家賃の滞納や事故の発生に怯える。持ち家層は、金利が高かった頃の住宅ローンを何十年も返済していることに不満を募らせ、賃貸層は入居審査や高い家賃の他にかかる諸費用に不愉快な思いをしている。

誰もが何らかの不安を抱えていて、他者の苦境にまで想像が及ばない。

公営住宅の現状は、住宅がもたらす分断を示す端的な例である。公営住宅は、住宅に困窮している人のために、自治体が低家賃の住宅を供給する仕組みである。現在、全国で約二〇〇万戸の公営住宅に約四〇〇万人が住んでいるが、応募倍率はどこの自治体でも高止まりしており、都営住宅では二〇倍以上という状態が続いている。

公営住宅が不足しているのは明らかだが、戸数が減らされることはあっても増えることはまずない。乏しい供給量に合わせて対象者を絞り込むため、より困窮の度合いの高い人（独居高齢者、障害者、ひとり親世帯など）しか入居できなくなっている。

さらには、倍率が高いのは、本来は公営住宅に住むべきでない人が居座っているからではないか、という疑念が公然と語られる。各省が政策を自己点検する「行政事業レビュー」で、ある外部評価者は「家計が楽になった人も〔公営住宅に〕入っている可能性があって、その人が既得権を離していないだけの話であって、家計が楽になった、この基準を満たしていない人は退出すべきなのではないか」と述べた(1)。

「ルールを守れ」という声は、それだけを取り出せば正しいことを言っているように聞こえる。しかしそこに決定的に欠けているのは社会への認識である。

公営住宅の倍率が高いのは、公営住宅が民間賃貸住宅に比べて圧倒的に条件が良いからである。公営住宅は、一定の質が確保され、家賃が安く、住宅困窮者は優先的に入居できる。ところが、民間賃貸住宅のなかには、質が悪く、家賃が高く、そのうえ低所得や高齢を理由に入居を断る物件が少なくない。

このような住宅市場の構造は、公営住宅の入居要件を厳しくしたり、収入超過者を退去させたりしたところで揺らぎはしない。住宅を必要としている人々を互いに分断し、「誰かを助ける施策が別の誰かを排除するという「陰鬱な関係」」（平山、二〇一二）に追い込むのは、こうした構造を容認している政策である。

なぜ住宅問題は見えにくいのか

しかしながら、日本の貧弱な住宅政策を許しているのは、結局のところ有権者である。住宅問題を政府の責任で解決すべきだと考える人は少数にとどまる。二〇〇〇年、〇五年、一〇年に実施された、社会政策に関する全国規模の意識調査によれば、住宅政策は他の政策と比べて弱い支持しか集めていない(武川、二〇一二)。

「病人に医療を提供すること」や「高齢者が世間並みの生活を送れるようにすること」は、一貫して八割前後の人が政府の責任であると答えている。また、「失業者でも世間並みの生活が送れるようにすること」や「育児・子育てを支援すること」は、二〇〇〇年代を通じて政府の責任だと考える人が増えてきた。

これに対して、「家の持てない人びとに世間並みの住居を提供すること」は、いずれの時点でも政府の責任だと考える人の割合が最も小さい。全体的には政府の責任を広くとらえる人が増えるなかで、住宅政策への支持は低迷したままである(表4)。

筆者が実施したインターネット調査[(2)]でも、住宅政策の拡大を支持する人は少なかった。

表4　政府の責任についての社会意識

	2000年	2005年	2010年
雇用	55.2	63.5	67.1
物価の安定	89.8	—	—
医療	75.2	82.9	86.4
高齢者の生活保障	76.0	81.6	82.6
産業の成長	61.0	56.9	76.0
失業者の生活保障	45.3	67.4	80.7
所得再分配	43.4	49.1	52.9
奨学金	53.8	69.3	60.8
住宅の提供	34.0	43.0	39.7
環境保護	82.5	90.0	86.0
育児・子育て	61.2	84.7	81.3
高齢者介護	—	91.7	92.3
障害者介助	—	93.8	93.6

数字は各項目について「政府の責任」「どちらかといえば政府の責任」と答えた人の合計(%).
武川(2012), 24頁より.

支出を増やすべきと答えたのは約三割で、四割が現状維持、三割が縮小を求めていた。今後優先すべき住宅政策については、住宅を所有しない、またはできない人に向けた政策(公営住宅の建設、低所得者への家賃補助)よりも、すでに住宅を所有している人や、所有を望む人に向けた政策(省エネ化・高齢化対応の改修補助、住宅取得資金の低利融資)を支持する人が多い。

住宅の性能を向上させたり、住宅ローンを借りやすくしたりする政策を、あえて社会政策と呼ぶ必要はない。現在のところ、日本社会では住宅政策が社会政策であるという共通了解は成立していない。それ以前に、住宅問題が社会問題であるということすら、認められていないと言うべきだろう。マスメディアで住宅ローンの金利や、設計施工の不備が話題になるとき、住宅は商品であり、居住者は消費者である。住宅にかかわる貧困や不公正が議論されることはほとんどない。

ある現象が社会問題とみなされるまでには、いくつかの越えなければならない壁がある。まず、その現象が広く知られなければならない。そして、現状が望ましい社会の状態から外れているとの判断がなされ、さらに、そうした判断が多くの人々に共有されなければならない。

他の問題と比べるとき、住宅問題には次のような特徴がある。第一に遅効性。例えば介護や保育とは異なり、問題の影響があらわれるまでに時間がかかる。第二に代替可能性。例えば医療とは異なり、他の手段でも解決できる場合が少なくない。第三に潜在性。例えば労働や教育とは異なり、現状を把握するためのデータが未整備で、問題の広がりや深さの理解が困難である。

このように、住宅問題は何重ものヴェールにおおわれ、社会問題として見えにくい。ところが少し歴史をさかのぼると、いまとは違う光景を目にすることができる。一九五五年二月の第二七回総選挙の最大の争点は住宅問題だった。右派も左派も住宅政策を競った。選挙後の施政方針演説で、鳩山一郎首相は住宅建設計画の策定と「日本住宅公団」（現・都市再生機構）の設置を約束した。

二〇世紀半ばの日本では、農村から都市への人口移動、空襲や災害による住宅の喪失、敗戦による引き揚げなどが重なった。しかし、社会問題の代名詞であった住宅難は、高度経済成長期には急速に沈静化し、やがて話題に上らなくなった。このときの問題の解決（もしくは回避）のしかたこそが、いまだに私たちの住宅をめぐる観察力と想像力をしばっている、というのが本稿の主張である。

戦時体制と住宅

戦争は容赦なく住まいを奪う。しかしその半面、それまでとは違ったかたちで住まいを与えるのもまた、戦争の作用である。戦争は、社会のなかで分散し、潜在していた動きを統合し、加速させる。社会のあらゆる資源を根こそぎ動員しようとする「総力戦」のもとで、労働力と居住空間は、ともに希少な財として改めて見出され、その合理的な配分が論じられた。この時期に、戦後日本の住宅政策・産業・研究の原型が形成されたと言っても過言ではない。

大政翼賛会文化部編『新生活と住まい方』（一九四二）は、「住宅営団」の設立記念行事として、二〇名以上の知識人、技術者が参加して実施された座談会の記録である。住宅営団は日本住宅公団の前身ともいえる特殊法人で、全国年間住宅建設戸数の五分の一（約三〇万戸）を供給する計画をもって四一年に発足した。労働者向けの住宅を政府が直接供給する手段を得たという点で、「住宅営団法はわが国の社会政策上一つの画期的な立法であった」（同書七頁）。

この座談会で、経済学者・大河内一男は、物資と労働力が不足するなかで、それまでは理想論として語られがちであった「生活の合理化」が、具体的かつ現実的な課題となりつつあると指摘する。

従来全く敬遠されておりました既婚婦人の労務その他の方面への動員をも、すでに恒久的に考えねばならない時期に入っていると私は見ておりますので、このためには、共同保育や共同炊事等の消費生活ないし家庭生活の協同化によって、家庭婦人が職場に出られる様な条件を創ることが何よりも必要です。（同書一九頁）

大河内が提唱したのは、家事に費やされる時間を削減し、女性の労働力化をうながすという戦略である。それゆえ、住まい方の革新は「積極的な生産的な任務を帯び始めている」（同）。ただし、そこでは家事はあくまでも「消費」とみなされ、労働は職場での勤務に限定されていた。さらに踏み込んで、家事もまた「労働」であるとの見方を示したのは、住宅営団で研究員をつとめていた建築学者・西山夘三の『住宅問題』（西山、一九四二）である。

生活者は勤労者のみにより成るものではない。彼の精神的・肉体的労働力を発展的に再生産して行く住居には、なお他の生活者をもつ。我々は之等の生活者の生活過程を考慮してその生活施設を再綜合しなければならぬ。ここでもっとも中心となる課題は日々の労働力の再生産場所たる住居を経営運行するための家事労働、及び国家的・世代的な労働力の拡大再生産を遂行する次代国民の育成過程である。(同書二四七頁)

西山は、労働力の再生産こそが住宅の機能であり、家事は労働力を再生産する労働であると規定した。そのうえで、国家の生産力を拡大するためには、居住状態についての規制を強化し、政府が良質な住宅を供給することが不可欠であると論じた。その主張は当時としては急進的なものであったが、必ずしも異端であったわけではない。

一九三九年には、家賃の値上げを抑制する地代家賃統制令が施行され、四一年の改正借家法は、正当な事由なく家主が借家人に解約を求めたり更新を拒んだりすることを禁じた。家賃統制と借家法改正は、家主の権利の制限とひきかえに借家人の権利を強化した。これには、借家の供給を停滞させる副作用がある。だからこそ、企業による従業員向け住宅の建設をうながす「労務者住宅供給三ヵ年計画」(三九年)が策定され、さらには住宅営団が設立されたのである。

一九四〇年前後の住宅政策の整備は、総力戦が遂行される中で労働力の希少性が高まり、その目的に沿う限りにおいて、持たざる者の交渉力が向上したことを示している。

「持ち家社会」の形成

日本の都市住宅の多くは借家であった。都市で持ち家率が上昇したのは敗戦後のことである。その要因の一つに、戦後も継続された地代家賃統制令がある。猛烈なインフレで物価が高騰したにもかかわらず、地代・家賃の値上げは抑制されたため、経営に行き詰まり、空き家を売却したり借り手に払い下げたりする家主が続出した。一九四一年には二割にすぎなかった市部の持ち家率は、五三年には六割近くに上昇している(有泉編、一九五六年)。

五五年、先にふれたように鳩山内閣(第二次)のもとで日本住宅公団が発足した。すでに始動していた「住宅金融公庫」(現・住宅金融支援機構)と「公営住宅」とあわせて、住宅政策を実行するための体制がととのう。金融公庫は、安定した収入がある人々に住宅を取得する資金を融資し、公営住宅は自治体が国庫補助を受けて低所得層向けに低家賃で住宅を提供する制度である。公団は、両者の中間に位置する階層のために良質な賃貸住宅を建設することを任務とした。

六六年には、住宅建設計画法に基づき、居住水準と供給戸数の目標を掲げた「住宅建設五ヵ年計画」が開始される。第一期は、七〇年度までに「一世帯一住宅」を実現することを目指した。ただし、公的資金による住宅は約四割で、残りは民間による「自力建設」とされた。しかも、公的資金による住宅建設の中心は公庫融資である。第一期から第三期にかけて、公営・公団住宅が計画戸数を下まわったのとは対照的に、公庫の目標数値は達成された。

戦後日本の住宅政策は、財政投融資による資金調達を基本とする、かなり安上がりなものであった。公営住宅は、住宅政策のなかではつねに周縁に位置づけられてきた。それを支えた大きな条件の一つが、持ち家取得に向けた世帯の旺盛な意欲である。もう一つの重要な条件は、従業員の持ち家取得への意欲を加熱する、雇用主としての企業の戦略である。

高度経済成長期の企業は、賃金や年金制度などと並んで住宅を保障することで、優れた人材を集めるとともに、労使の融和を図った。多くの大企業は、従業員のために、独身寮や家族向け社宅、家賃補助、住宅資金の積立、住宅資金の融資といった社内制度を整えた。

それらは、政府の政策を補完、あるいは先取りしていた。「財産所有民主主義」を掲げる労働組合もこれを歓迎した（大本、一九九六）。七一年の「勤労者財産形成促進法」により、大企業を中心に整備されてきた持ち家取得支援制度は中小企業にまで広がった。

生産者としての企業にとっても、住宅市場の拡大は魅力的だった。住宅は、自動車に次ぐ有望な産業として期待を集めた。政府が地ならしをした住宅供給には、多くの民間企業が関わるようになる。それまで世帯から預金として集め、企業に融資していた民間金融機関は、住宅金融公庫が開拓した世帯向けの長期融資という新しい領域へ参入した。都市銀行による住宅ローン残高は、六五年からの一〇年間に三三一倍と、驚異的な伸びを示した（高野、一九九七）。

日本社会の持ち家志向は、政府・企業・世帯の思惑が重なり合うことで生まれた、歴史の浅いものである。持ち家への誘導によって、政府は、直接の支出を抑えながら住宅不足を解消することができた。量だけではなく、住宅の質も向上した。ただし、好循環はいつまでも続かない。

企業にとって持ち家取得の支援は、従業員の帰属意識を高め、労使対立を緩和するメリットがあった。地価の上昇によって社宅用地の含み資産が増大し、社内預金は企業の資金調達を助けた。

しかし、九〇年代以降、地価の下落、従業員の年齢構成の変化、市場のグローバル化といった要因が複合するなかで、多くの企業は従業員の生活を手厚く保障する動機を失った。新規採用の抑制や退職勧奨による正規従業員の絞り込みとともに、資産売却や福利厚生費の削減が続く。

世帯にとって持ち家は、着実な職業生活と良好な家族生活の証しであった。ただし、わずかな知識や経験にもとづいて行動するしかない世帯は、住宅市場のプレーヤーのなかでもっとも不利な立場に置かれている。長時間労働と引き換えにようやく手に入れた持ち家は、必ずしも安定した資産ではなかった(平山、二〇〇九)。

そして、「住宅双六」のゴールとしての持ち家は、家族人数がもっとも大きくなるときの生活を想定しており、家族が縮小するときには過剰な空間を抱える。住まいを確保できない人々と、住宅を持て余す人々が併存している。世帯と住宅の密着は、空間の公正な配分を困難にする。

家族と企業に頼る住宅政策が長く続いたので、政策の選択肢は著しく偏ったものになった。景気対策として持ち家の取得や改修をうながす制度が次々と打ち出される一方で、住宅に困窮する人々に向けた動きはきわめて鈍い。

住宅の再定義

住宅がもたらす分断の由来を、住宅を「労働力の再生産の手段」として定義づけた戦時下の論理に見ることができる。それは敗戦によって失効したのではなく、むしろ高度経済成長とともに日本社会に深く浸透していった。

この過程で、住宅は、労働者・国民が企業・国家に貢献した見返りとして、一種の「報償」の意味を持つようになった。当然ながら、誰にどんな報償を与えるかは、与える側の裁量である。一方、貢献度に連動しない給付は例外的であり、いわば「救済」と見なされた。この場合も本当に救済に値するのかが厳しく判定される。財政危機が叫ばれる時期には、とくにその傾向が強まる。報償にせよ、救済にせよ、生き方に干渉することに変わりはない。

ここには、「小さな政府」を目指す政策が、かえって政府の裁量を強めるという逆説がある。「小さいが干渉的な政府」と、「大きいが非干渉的な政府」の、どちらがより望ましい政府だろうか。財政規模の大小は、政府を評価する指標としてはあまりに粗雑である。

住宅政策を、報償や救済にとどまらない、普遍的な居住の権利を保障する社会政策として構築しなおすには、住宅の再定義が欠かせない。ここではその手がかりとして、「貯蔵庫」「社会の防塁」「生産の手段」という定義を与えてみたい。それぞれ、住宅問題の見えにくさの理由として挙げた「遅効性」「代替可能性」「潜在性」と密接にかかわっている。

第一に、住宅は価値の貯蔵庫である。建設時の投資は、長い時間をかけて、ゆっくりと引き出される。日本の住宅の寿命は短いといわれるが、それでも三〇年ほどは使用される。問題は、自力で投資ができる人は限られており、住宅を通じて格差が拡大しやすいという点である。

格差は、貸し手と借り手の間はもちろんのこと、借り手の間でも生じる。貸し手は、住宅に蓄えられた富が急激に失われるような事態を避けるために、借り手を慎重に審査する。このため、信用力に欠けると見なされる人は住宅市場から閉め出されてしまう。住宅を切実に必要としている人ほど住宅の入手が難しい。この悪循環を食い止めるためには、居住にともなうリスクを社会的に共有する仕組みが不可欠である。

　第二に、住宅は社会の防塁である。住宅政策は、住宅市場の活性化や住宅産業の育成策に還元されるものではなく、少数の特別な困窮者を救済する政策にとどまるものでもない。そのような両極的な理解は、実質的な住宅政策が複数の政策にまたがっていることを見落としてしまう。例えば、生活保護の住宅扶助は、公営住宅とならぶ低所得者向けの住宅保障の柱である。また、福祉施設や入院病棟のかなりの部分は、要介護者や障害者の住まいとして機能している。

　このことは、住宅の配置や質がさまざまな政策に影響を及ぼすことを意味する。スウェーデンの高福祉が、社会サービス、都市計画、住宅供給を一体で考えてきた蓄積のうえになりたっていることはよく知られている（ケメニー、二〇一四）。住宅への適切な投資は、長い目で見れば、他の社会保障制度の安定にも寄与するのである。

　第三に、住宅は生産の手段である。住宅には、職場とは異なるもう一つの労働がある。この労働の多くは居住者自身によるセルフサービスであり、生み出される価値は公式統計にはあらわれない。その重要性に気づくのは、あたりまえにできていたことができなくなるときである。

　居住がプライバシーと自尊心に深く関わるのは、それがたんに住宅という商品の消費にとどまらず、かけがえのない価値を生産しているからである。私たちは、この営みを通じて、社会に十全に参加することができる。住宅政策は、その機会を保障するものでなければならない。

　以上の三つの定義は、住宅が社会のさまざまな場面で「結び目」の位置にあることを示している。住宅それ自体というよりも、何かと何かの間を結ぶ作用の方が、はるかに重要である。この意味で、住宅は社会に分断をもたらすだけでなく、分断を修復するための糸口にもなりうる。

（1）　二〇一四年一一月一二日「住宅の確保に特に配慮を要する者の居住の安定の確保」議事録（http://www.cas.go.jp/jp/seisaku/gyoukaku/h26_fall/pdf/ronten/04gijiroku.pdf.）八頁。

（2）　特定非営利活動法人ＳＣＯＰと共同で、「日本の住生活の実態と住まいに対する意識調査」と題して実施。二〇〇八年二月一九日―二六日の調査期間内に、全国の公募モニター一八―七八歳の六四八名が回答。

〈参照・引用文献〉

有泉亨編（一九五六）『給與・公營住宅の研究』東京大学出版会。

大本圭野（一九九六）「居住政策の現代史」大本圭野・戒能通厚編『講座　現代居住１　歴史と思想』東京大学出版会。

ジム・ケメニー／祐成保志訳（二〇一四）『ハウジングと福祉国家――居住空間の社会的構築』新曜社。

大政翼賛会文化部編（一九四二）『新生活と住まひ方』翼賛図書刊行会。

高野義樹（一九九七）『日本住宅金融史』住宅金融普及協会。

西山夘三（一九四二）『住宅問題』相模書房。

平山洋介（二〇〇九）『住宅政策のどこが問題か――〈持家社会〉の次を展望する』光文社新書。

平山洋介（二〇一二）「公営住宅と地方分権」『都市問題』一〇三巻一二号。

武川正吾（二〇一二）「二〇〇〇年代の社会意識の変化」武川正吾・白波瀬佐和子編『格差社会の福祉と意識』東京大学出版会。

3 日本政治に刻まれた分断線

吉田 徹

多くの先進国と同じく、政治社会の分断が日本でも強まっている。リーマン・ショック以降、ヨーロッパ諸国やアメリカでは政治的急進主義《ラディカリズム》が頭をもたげ、極右やポピュリズム勢力が伸張している。既存の議会制民主主義の外での政治参加が広まり、さらに国家や民族的アイデンティティと政治的主張が結びつき、ヘイト集団の威嚇行動など「街頭の民主主義」は一般的な様式となりつつある。

私たちを分け隔てる分断線はなぜ強まっているのか——日本の政治と社会が置かれている状況を素材に、その原因を探ってみることとしたい。

「液状化」の中で変容する政治

政治社会で分断が進んでいるのには、複合的な要因があげられる。そこでは構造と条件とが相互に作用し、これが環境的要因によって後押しされているといえるだろう。政治における分断のうち、以下ではこの構造の側面をみてみる。

ポスト冷戦期になって政治体制をめぐるイデオロギー的対立は本格的に終わり、グローバル化（金融市場の拡張と資本の自由移動）による政策上の制約と財政均衡の要請から、政権与党が選択することのできる政策幅は、九〇年代に入って縮小していった。すなわち「グローバル化」、「民主主義」、「国家主権」のトリレンマ（ロドリック、二〇一三）の中で、「大きい政府vs.小さい政府」という対立軸はもはや争点として成り立たなくなる。有権者も政府の大小ではなく「賢い政府」を求めるため、最適かつ公平な資源配分をいかに実現していくのか、その能力を有するのはどこの政党かという「政権担当能力」の有無が重視されるようになる。つまり「何が課題か」を問う政治ではなく、「特定の課題」を誰が最もよく処理することができるかが、政治の場面で競い合われることになっていく。

日本では自民党の一党支配が一九九三年に崩れて、無党派層が急増したこともこの変化の原因でもあった。無党派層の割合は八〇年代に横ばいだったのが九〇年代以降に増大、二〇一〇年代に入ってからは、実に選挙民の約七割が支持政党を持たないと回答している（時事通信社世論調査）。一九八〇年代まで有権者は自民党と社会党との間の奪い合いの対象だったのが、ポスト五五年体制に入ってからは、自民党支持層の減少は無党派層の増加となって表れるようになる。二〇〇五年の郵政解散での自民党の、二〇〇九年の政権交代選挙での民主党の地滑り的勝利を可能にしたのも無党派層の存在だった。ポスト五五年体制で生じた有権者の「脱編成」でもって政治の競争環境は液状化し、政治の対立軸はより分化したものになっていった。

こうした液状化は、政党の変質にもみてとれる。自民党員は一九九一年に五四五万人に達した後、二〇〇六年に一二〇万人、二〇〇九年に一〇〇万人、二〇一四年には九〇万人へと減少している。農業、経済、労働など、政治的活動の基盤となる利益団体の人数も減少の一途を辿り、これらが自民党を含む政党と接触する度合いも低下している。顕著な「日本社会の脱組織化」(森、二〇一〇)が進んでいったのである。

一九九〇年代に選挙制度が中選挙区制度から小選挙区比例代表並立制へと移り変わったことでも、有権者と政党の関係は大きく変化した。選挙区での当選者が一名に絞られ、候補者よりも政党名が訴求力を持つ小選挙区主体の選挙制度のもとで、政党組織は地域や業界を資源とする後援会組織を足場とした多元的なものから、党執行部の持つ公認権を介した集権的な組織へと変貌していった。小泉純一郎内閣での党部会を迂回した経済財政諮問会議の政策決定、与党の事前審査制度の形骸化、派閥均衡を無視した組閣などは、小選挙区時代の統治手法のモデルでもあった。「政治主導」とも称されたこの政治様式は、方向性は異なれども、マニフェスト政治、国家戦略局・行政刷新会議、議員立法の原則禁止などの形で、二〇〇九年に与党となる民主党へと引き継がれていった。

また、二大政党制への制度的圧力のかかる小選挙区制のもとでは、死票の多い選挙区での勝者総取りを可能にする「多数派デモクラシー」が趨勢となっていく。このため前記の党組織の階統化(ピラミッド型の序列化)と併せて、政党はより純化路線を強めていき、結果として分断をさらに強める遠心的な競合を生みやすい環境を作り出した。

こうしたポスト五五年体制における統治手法は、その都度アドホックに想定される民意を瞬間的に捉え、議席へと転換することを可能にするものでもあった。有権者が重視する政策は一貫して生活保障に関するものであるにもかかわらず、あるいはそれゆえに、行財政改革、汚職問題、郵政民営化、政権交代等々、争点は選挙の度に目まぐるしく移り変わっていった。その反対に、ＴＰＰといったグローバル化、消費税増税など財政上の課題は、自民党や民主党(二〇一六年より民進党)といった政権担当能力を示さなければならない政党であれば、選ばざるを得ない政策となった。こうして政治と社会を規定する枠組みは変更できない一方、時々の選挙で二大政党が勝利できそうな争点のみが肥大化していくことになった。

「ネオリベラル・コンセンサス」の誕生と二一世紀の「保守革命」

ポスト工業社会のもとで進む個人化は不可避的であり、五五年体制下のように部分利益を代表することで成り立つ安定的な政治競争は過去のものとなった。自民党一党支配の崩壊と小選挙区制に特徴づけられるポスト五五年体制は、固定客相手に政党が競う競合的空間ではなく、移り気な消費者を大政党が奪い合う競争的空間へと変容していった。

それまでの日本政治でのメジャーな対立軸は、安全保障や憲法改正など、冷戦構造と不可分のいわゆる「ハイ・ポリティックス」の次元にあった。この対立軸は、対立強度が強く、有権者を編成する原理のひとつとして機能したが、譲歩や妥協は不可能であり、政策競争に馴染むものでもなかった。それゆえ、冷戦の終結という外部ショックを経験して、日本政治は九〇年代前半に「対立軸の空転」を経験することになった。

九〇年代の後半になると、それまで「ハイ・ポリティックス」の下位にあったマイナーな対立軸がメジャーな対立軸へと昇格していく。それが「自民党一党支配体制が生んだ利益配分システム(＝政官財のトライアングル、護送船団方式、日本型雇用慣行)」と「リベラルな市民社会(＝官僚制批判、自己決定権の拡大、消費者主権)」という、七〇年代に生まれた「右の反近代主義」と「左の反近代主義」との間の対立だった(高原、二〇〇九)。

もっともこの新規の対立軸は二〇〇〇年代に入り、右と左の反近代主義を混合させたネオリベラリズムのヘゲモニーのもとに回収されていく。ネオリベラリズムは、既得権益批判でまとまる都市中間層、個人主義を是とする反自民リベラル、さらに経済成長・生産性向上を志向する財界部門という、それまで対立していた各社会クラスタをまとめ上げた。それが可能になったのは、「自民党の利益配分システム」の極が代表していた経済成長と配分の論理、「リベラルな市民社会」の極が有していた個人主義・反既得権益の論理の双方を備えていたからでもあった。

二〇〇九年に政権を奪取した民主党政権もまた、行財政改革とリベラル的価値を一体化させた「マニフェスト五原則」を掲げ、この「ネオリベラル・コンセンサス」を完成させていった。有権者の側をみても二〇〇九年の衆院選に際して、民主党と自民党の政策に違いがないと感じる者は六四%に上り、他方で景気対策や年金問題といった、それ自体非党派的な争点を重視する有権者は六〇―七五%におよんだ(『読売新聞』二〇〇九年六月二九日)。こうした傾向は二〇一二年の衆院選挙時でも続き、同選挙では約七割の選挙民が諸政党の政策の違いがわかりにくいと回答する一方(『朝日新聞』二〇一二年一二月一一日)、景気や雇用、社会保障・年金問題が最重要課題との回答が過半数を占めた(『毎日新聞』二〇一二年一二月一一日)。二〇一四年総選挙でも、景気・雇用、社会保障、財政再建を課題として重視する有権者は七割超に上っている(「共同通信調査」二〇一四年一一月二八、二九日）。動かせない争点（課題）こそが重みを持つような「争点合意型政治」（ドナルド・ストークス）の典型は、消費税増税を決めた二〇一二年の民自公合意でもあった。

保守と左派リベラルにまたがって展開した「ネオリベラル・コンセンサス」はもっとも、予期しえない形で、別の次元での分断をもたらした。それが、経済次元での政策的対立の不在によって、自民党・宏池会に代表される「家父長主義的な社会保守主義」の潮流が、清和会に代表される「ナショナルな文化保守主義」へと転換していく過程だった。この保守勢力の自己刷新は、日本以外の先進国でも観察されており、ネオリベラリズム的な「政策」と権威主義的な「価値」が組み合わさった二一世紀の「保守革命」だともいえる。経済成長と社会の部分利益による再分配が不可能となり、既存の雇用・福祉レジーム改革もできない中で、政治はナショナリズムや民族といった、価値の再配分をめぐる競争へと変質していくことになる。それは、カール・シュミットがいったように、政治はあからさまな「利害の闘争」だけでは駆動せず、「意見の闘争」によって活性化するからでもある（シュミット、一九二六）。

「利益の組織化」から「憎しみの組織化」へ

五五年体制のもとでは富の再分配と雇用を通じた生活保障という「利益の組織化」こそが階級融和と社会平和を可能にするものであり、政治もまたその実現や抵抗をめぐる舞台だった。ポスト五五年体制では「政治的なもの」の範囲や要素が文化領域へと徐々に拡散していくことで、社会はより細部に分断されていくことになった。

ここでいう文化領域とは、具体的にはライフ・チャンスや自己決定権、アイデンティティの問題など、「サブ政治」や「生政治」などとも言われる個人の習慣や価値の体系を織り成す、市民社会に固有の領域のことである。アメリカ政治ではセクシャリティ問題や中絶の是非が、ヨーロッパでは安楽死や宗教原理主義による人権抑圧などが単なるモラル・イシューではなく、政治的争点として全面化していることが想起されよう。その他にも歴史認識、働き方や女性の地位、移民労働者含むエスニック・マイノリティの問題など、論争的な文化的領域の争点が政治で取り上げられ、それらがクローズアップされるようになっている。

福祉水準の維持や財政赤字の縮減がほとんどの政治勢力で合意されたことで、政治家や政党は求心力を増すための「楔《くさび》打つ争点」(D・S・ヒリガス&T・G・シールズ)を多用するようになる。「サブ政治の政治化」は、民主党政権の誕生によっても加速した。鳩山由紀夫首相(当時)の所信表明演説(二〇〇九年一〇月)は「少数の人々の視点」を大事にし、全員が「居場所と出番」のある社会の構築を訴えた。実際には盛り込まれなかったが、演説草稿を用意した平田オリザは、LGBT(性的マイノリティ)問題にも言及するよう主張し、首相もこれを了承していたという(平田・松井、二〇一一)。民主党のマニフェスト集「政策集INDEX二〇〇九」でも、選択的夫婦別姓の早期実現や不妊治療支援、永住外国人の地方参政権、「インクルーシブ(共生)教育」の推進、アイヌ民族権利確立の施策など、文化的な解放政策が並んだ。

こうした「楔打つ争点」は、党派性の強固なアメリカやヨーロッパで採用される政治戦略であり、無党派層が多数の日本で同じ作用は持たない。しかし、無党派層の多くは「合意型争点」を重視し、政策課題よりも期待される政権担当能力を投票基準とする。そこで増税といった本来ならば「楔打つ争点」がオール与党化でもって合意されてしまえば、それに馴染まないような新たな争点の設定こそが政治戦略上、合理的となる。しかもそこでは、その意味内容よりもラディカルであること自体が訴求力を持つようになるのである。

政治がこうした文化的領域に足を踏み込むこと自体は間違ってはいないだろう。しかしそれが他方で、強いバックラッシュを生むことになったのも、政治による意図せざる帰結として、十分に予想されたことだった。例えば、「在日特権を許さない市民の会(在特会)」「日本女性の会そよ風」「なでしこアクション」「外国人参政権に反対する会」など、いわゆる「行動する保守」と呼ばれる団体の組織化も二〇〇〇年代半ば以降に進んでいった。歴史認識問題を含め、在日韓国人・朝鮮人、外国人参政権、男女平等といったテーマが政治領域に持ち込まれ、それに対する強い拒否反応が呼び起こされ、結果として憎悪の連鎖反応が生まれていくことになった。もはや安定して依存できる資源や支持者、組織を喪失した政党は、こうした新たな形で固定化された言説と動員と容易に結びついていくことになる。

二〇世紀初頭に文人ジュリアン・バンダは、『知識人の裏切り』(バンダ、一九二七)で、当時のナショナリストとコミュニスト双方を批判して次のように綴っていた。「同じ政治的憎悪の信奉者が、まだ一世紀前には互いに不愉快に思いつつも、あえて言えば、分散した領域で憎み合っていたのに、今日では人間間の交流、さらには集団的精神の進歩のお陰で、明らかに緊密な感情集団を形成し、その各人員は無数の他人と関係していると思っている」(邦訳一九九〇年、一二四頁)。

バンダがみたのは、「政治的な憎しみを知的に組織する」ことが「凝集力」と「普遍性」を獲得した時代の到来であったが、同じことが現代で再現されようとしている。

以上が、社会に分断をもたらしている政治の構造的条件である。次に、それを促進させる条件をみてみよう。

ネットと反知性主義の共犯関係

バンダと同時代人の哲学者アドルノは、文化領域での批判的態度を「内在的批判」と「超越的批判」とに分けている(アドルノ、一九四九)。「内在的批判」とは既存の文化的コードを共有する、知識人や批評家による批判であり、「超越的批判」はこうしたコードを共有しない、外部者によるラディカルな批判のことを指す。その上でアドルノは、この二つが相互依存関係にあることを指摘した。なぜなら、知識人や文化人の批判は文化産業に依存することで初めて可能となるため、それこそが超越的批判の対象となってしまうからだ。具体的にいえば、リベラルな「サヨク新聞」も、それを批判する他のメディアも、ともに「マスゴミ」であることには変わらない、という超越的な批判が呼び込まれるのである。バンダもまた、新聞や雑誌が普及していった当時のメディア時代の到来に憎悪の組織化の原因をみたが、それは現在のインターネット社会の状況に似ていなくもない。

文化批判とネットの親和性は、多方面から指摘されている。安田浩一はネットにこそ「居場所と出番」を見出す「非リア充」が在特会に引き寄せられていると述べ(安田、二〇一二)、北原みのり等は正義感が強いゆえにネットでの呼びかけや情報を真に受ける人間であればこそ、排斥・愛国運動に馳せ参じることを報告している(北原・朴、二〇一四)。

先のアドルノは、超越的な批判が「客体の経験から切り離されたパラノイア的な妄想体系」の形式をまとうことにも注意を促していた。これら「ネット愛国者」を通じて見て取れるのは、アドルノの言葉を借りれば「客体の経験」の欠落、すなわち「反省性(自省)」と「追想(過去の記憶を未来へとつなげること)」の契機を奪うネット社会の特徴だ。ネットは個人によるピンポイント検索を前提としたプル型のメディアである。つまり、ネット・メディアは、個人が観たいもの、知りたいものだけを際限なく提示してくれる情報空間であり、それゆえ情報や議論が組み立てられている論理や文脈は捨象させられる。ユーザーのブラウジング履歴でもってパーソナライズしたニュースを届ける「ニュース・キュレーション」サービスもますます高度化していっている。そうした空間に身を置く者は、情報を探し出す意思を上回る反省性を持っていない限り、「パラノイア的な妄想体系」へと自ずと陥っていく。安田や北原とは反対に、樋口直人は排外主義運動を担うのは主に高学歴の男性ホワイトカラーだと指摘する(樋口、二〇一四)。ただ西欧の事例をみれば、排外主義は従来の階級政治や対立軸の構造から離れて、雑多な階層や就業形態層で混成されている。法学者サンスティーンが言ったように、情報を主観的にも、客観的にもフィルタリングするネット・メディアは、瞬間的ではあっても、あるいはそれゆえに強度の高い分断線を分散的に形成していくから、既存の社会構成の文脈から離れた多様な人々を動員する。

但し、ネットだけでいわゆる反知性主義が醸成されるわけではない。反知性主義が知的に最初に定式化されたのは一九世紀末のドレイフュス事件以降のことだ。この事件に際してナショナリストのモーリス・バレスは、知識人や作家が真実を独占していることに異議を申し立て、彼らの唱える普遍主義と個人主義が人間を抽象的な存在へと貶《おとし》め、実在の国民を解体する、と批判した(「形式的個人」に対する「実在的個人」の優位性の主張)。

つまり、ここでいうところの反知性主義は、単なる無知蒙昧ではなく、社会における「差異」が個人の本来的な権利だということを前提とする、リベラルな社会のもとであるからこそ成り立つものであることに留意しなければならない。通常、「差異」は社会的・民族的マイノリティの習慣や文化を維持・発展させる権利として、マジョリティへの抵抗の論理として機能する。しかしバレスやその知的後継者であるモーラス等は、「差異」がマジョリティにとっても同様に保持され得る権利であること、すなわちマイノリティが普遍主義の名でもってマジョリティを蹂躙《じゅうりん》する「少数者の専制」から共同体を防御する論理として、反知性主義の正当性を掲げたのである。これは「在日」というマイノリティが特権を持っているとする告発や、生活保護受給者バッシングといった、ネットと反知性主義が結びつく事例でも多くみられる共犯関係である。

マンハイムの言葉を借りれば、「ある集団が他の集団を異端と呼び、そのような見地から他の集団に闘争を挑む場合、はたしてそのような見方が真実に立脚するものなのか、それとも虚偽に根ざすものなのか、判定は難しい。だが、はっきりしていることは、このような定義を通してはじめて、闘争が社会状況になる」(マンハイム、邦訳二〇〇六年、三九頁)ことである。

「組織化されていない敗者」の生産

構造と条件から進む政治社会の分断は、バブル崩壊以降、際限なく延期される「失われた一〇年」と、二〇〇八年の経済危機以降の「長期停滞」(ラリー・サマーズ元米財務長官)への突入でもって、固定化されようとしている。

「九九%対一%」はオキュパイ・ウォルストリート運動(OWS)のスローガンである以上に、現実の数字である。二〇〇九―一一年の間、アメリカでは所得上位一%の所得が一割以上増加したのに対し下位九九%の所得は一%近く減り、ヨーロッパでは若年層(一八―二四歳)の五人に一人が失業者、スペインやイタリア、ギリシャではその約半数が失業状態にある。ここでは、工業社会における物質主義的な分断が、従来の分配システムが破壊されたことでさらに強化されていっている。

世界不況に際して相対的に軽微なダメージで済んだ日本では、経済危機とデフレ経済に対して、旧態依然とした「コーポラティズム的な均衡」によって克服しようとしている。具体的にいえば第二次安倍晋三自民党政権は、企業収益を賃上げや雇用拡大に割り振って投資や消費を拡大しようと、経団連、商工会議所、中小企業団体中央会、連合を交えた「経済の好循環実現に向けた政労使会議」を二〇一二年の政権発足から一〇回以上開催し、賃上げによる所得増を実現しようとしてきた。問題の本質は、こうした政労使コーポラティズムを支える条件が崩壊していることにある。

景気回復があっても雇用増は非正規が中心であり、さらに非正規雇用者への社会保障が十分に提供されなければ、投資や消費は増加しない。また製造業雇用者の数が戦後最低を記録している状況にあって、従来の労使頂上団体を政策形成の場に取り込んだとしても好循環は実現しない。雇用と社会保障が一体化していることが日本型生活保障の特徴であり、その枠組みが低成長と雇用・家族形態の多様化で維持し得なくなっているのであれば、両者をデカップリングすることでしか、生活不安の解消と内需拡大は実現しようがない。つまり、「コーポラティズム的な均衡」を回復することで経済危機を脱しようとすればするほどに、そのサークルから排除される人びとが生まれていく構図が形作られていくのである。

歴史を振り返れば、第一次世界大戦後のドイツが「コーポラティズム的な均衡」による失敗例として思い起こされる。当時のブルジョワ勢力は社民党（ＳＰＤ）との連合を実現し、戦中に完成した総動員体制をコーポラティズム体制へと転換することで、新生ワイマール共和国を安定させようとした。その協調関係のもと、一九二七年には政労使による失業保険が運用されるまでになる。しかし、このコーポラティズム体制は前時代の秩序形成を主導したアクター間で作られたものであり、それゆえ大恐慌に直面して脆《もろ》くも崩れ去っていった。恐慌によってサークルから弾かれていた中間層が「組織化されていない敗者」（歴史家チャールズ・メイヤー）と化し、「前線世代」と呼ばれた復員兵が先導する反体制的な団体組織の主たる支持者へと転化したからだ。こうした環境条件がファシズムを孵化《ふか》させていった。

日本では九〇年代後半に実質賃金は頭打ちになり、労働分配率は低下し、世帯所得は目減りし続け、生活保護世帯はこの二〇年で三倍に達しようとしている。厚労省「所得再分配調査」（二〇一一年）によれば非正規労働者の増加によって、とりわけ若年層での所得格差が拡大している。他方で、首都圏は不動産バブルの状況を呈し、マンション購入額の年収倍率は二〇〇〇年代前半に約八倍だったのが、二〇一四年に一〇倍を超えようとしている（『週刊ダイヤモンド』二〇一四年一〇月二五日号）。

問題は、経済的な格差が生活保障の水準のみならず、結婚や育児といったライフ・チャンスそのものを左右していることにある。「サブ政治」が全面化している中での実質的な格差は、民主政治の基盤を足元から掘り崩していっている。

歴史的な類推には慎重でなければならない。しかしワイマールの中間層を今の日本の勤労者世帯、前線世代を非正規労働者になぞらえることは不可能ではない。そしてポスト五五年体制において不完全でしかあり得ない五五年体制をリバイバルする試みは、無視できない割合の生活者を取り残すことになる。高所得者ほど安倍政権の支持が高いとの指摘は故なしのことではない。その結果として生まれる政治的な不満は、政治的な急進主義《ラディカリズム》を呼び込み、社会の分断をさらに根深いものにしていくことになる。

「正」の差異への希求

以上のように、構造、条件、さらに環境的な要因から、和解不可能な次元が切り開かれている。社会の分断は、ますます拡散し、多元化、強度を増し、多発していくことになるだろう。その傾向は四半世紀前から進んできたものであり、日本以外の多くの先進諸国が類似の経験をしていることを考えても、すぐに和らぐとは考えにくい。

もっとも、社会が不正に分断されているという感覚は、民主政治の正当性と潜在力を傷つけていく。仮に民主政治を、共同体自らの決定に自らが従うことと定義するならば、分断されているという感覚は、自らの決定能力を自ら放棄してしまうことになるからだ。

分断を進めたのが政治であれば、それがどのように進められるべきかを決せられるのも政治である。政治とは、「たえず分化していく利害の対立を、なんらかの擬制（フィクション）によって統合・同質化していく機能」（神川信彦、一九六二）のことでもある。そうであれば、政治にできるのは単に分断を否定したり抑圧したり、ましてや推し進めることではなく、分断を正しく可視化して、それらに政治的な回路を与えることで、負の原動力を正の原動力へ、政治的な統合ダイナミズムへと変換していく作業を進めることではないか。

分断とは、社会と個人の開放を進める力と、その開放を押し止めようとする力とが、互いに差異化しようとする二つの力がぶつかり合うことで生まれる。「開くことによって生まれた隙間から社会的に上昇した人びとは、流動化に便乗したおのれの地位を閉じようとするし、その流れにさらされ従来の結合態を解体され社会的に没落の危機を感じた人びとは、しばしば従来の結合態を回復しようとし再び閉じようとする」（蔭山、二〇一三）。開放と統合は弁証法的に生じる。歴史をみても、政治の民主化といった開放は、またナショナリズムによる国民統合とセットになって進んでいった。

分断の強度が増しているのであれば、その分だけ、より普遍的で包摂的な擬制＝フィクションの創造が求められる。分断によって政治が機能不全に陥っているのは、それがナショナルなシンボルや日本人、熟練労働者、良妻賢母などの「固有の価値」だけを公平に配分しようとし、それらと本来は無関係に存在すべきライフ・チャンスや人権などの「普遍の価値」が不均等にしか配分されていないからだ。持てる者と持たざる者、正規雇用者と非正規雇用者、男性と女性、若者と高齢者、国民と外国人、都市と地方といった社会の二項対立の不平等は、「固有の価値」の高低で正当化されるべきものでなければ、それらが再配分されることでも解消しない。

社会的な紛争と分断は、人々の存在を尊重することの欠如に由来する、なぜなら人々は承認を得るために競い合うようになるから、と哲学者アクセル・ホネットは指摘する(ホネット、二〇一四)。ならば、分断を乗り越えるためには、自らにない他人の特性や特質を啓発するような差異への希求の論理を促進していくこと、そして、それを共有していくことで「普遍の価値」を作り上げていくことが求められる。そのために残されている時間や資源が、それほど多くないのは確実である。

※　本稿は「社会と政治の「極化」が進展　メディアは「普遍の価値」を提示せよ」(『月刊Journalism』二〇一四年一二月号所収)に大幅な修正・加筆を加えたものである。

〈参照・引用文献〉

テオドール・W・アドルノ(一九四九執筆)「文化批判と社会」『プリズメン』渡辺祐邦、三原弟平訳(一九九六)ちくま学芸文庫ほか。

蔭山宏(二〇一三)『崩壊の経験——現代ドイツ政治思想講義』慶應義塾大学出版会。

神川信彦(一九六一)「政治からみた人間(一)政治的人間像」丸山眞男編『人間と政治』有斐閣。

北原みのり、朴順梨(二〇一四)『奥さまは愛国』河出書房新社。

カール・シュミット(一九二六原著)『現代議会主義の精神史的地位』稲葉素之訳(一九七二年/二〇一三年)みすず書房。

高原基彰(二〇〇九)『現代日本の転機——「自由」と「安定」のジレンマ』NHKブックス。

ジュリアン・バンダ(一九二七原著)『知識人の裏切り』宇京頼三訳(一九九〇/二〇一五)未来社。

樋口直人(二〇一四)『日本型排外主義——在特会・外国人参政権・東アジア地政学』名古屋大学出版会。

平田オリザ、松井孝治(二〇一一)『総理の原稿——新しい政治の言葉を模索した二六六日』岩波書店。

アクセル・ホネット/山本啓、直江清隆訳(二〇一四)『承認をめぐる闘争——社会的コンフリクトの道徳的文法』法政大学出版局。

マンハイム/高橋徹・徳永恂訳(二〇〇六)『イデオロギーとユートピア』中央公論新社。

森裕城(二〇一〇)「政権交代前夜における団体——政党間関係の諸相」辻中豊・森裕城編『現代社会集団の政治機能——利益団体と市民社会』木鐸社。

安田浩一(二〇一二)『ネットと愛国——在特会の「闇」を追いかけて』講談社。

ダニ・ロドリック/柴山桂太、大川良文訳(二〇一三)『グローバリゼーション・パラドクス——世界経済の未来を決める三つの道』白水社。

4　西欧における現代の分断の状況——右翼ポピュリスト政党の台頭を通じて

古賀光生

本稿は、右翼ポピュリスト政党の台頭を通じて、西欧社会における分断の状況を検討するものである。結論を先取りすれば、右翼ポピュリスト政党は、分断を助長する勢力であると同時に、分断の結果として台頭した側面が強いことを指摘したい。

西欧における分断状況

二〇一五年一月のシャルリ・エブド紙襲撃事件や、同年一一月にパリ、二〇一六年三月にブリュッセルで相次いで発生したテロ事件は、西欧におけるエスニックな分断を改めて内外に示したと言える。シャルリ・エブド事件の実行犯はアラブ系のフランス人で、幼少期から貧困に苛《さいな》まれていたと報じられている。あるいは、ＩＳによるテロに若者が参加する背景の一つとして、西欧各国でエスニック・マイノリティが深刻な差別や貧困に直面していることが指摘されている。

外国生まれの両親や祖父母を持つ移民二・三世が抱える就業上の困難は、構造的な要因に起因する。エスニックな差別や偏見に加えて、言語や教育上の不利を抱えることで「知識基盤社会」における就労機会が制限され、「社会的排除」に結びつくリスクが相対的に高いことが困難の根底にある。こうした人々を支えるのが福祉国家の役割であり、「福祉が充実した西欧」のイメージには今なお妥当性はあるものの、多くの国々で「就労強化」と呼ばれる制度変化が進んでいる西欧にあっては、就業支援は進められるものの、十分な成果は上がっていない(水島、二〇一二)。

西欧では、伝統的には政党がこうした困難に直面する人々との連帯を築くことで、社会統合において重要な役割を果たしてきた。例えば両大戦間期のフランスでは、イタリアやポーランドなど外国から大都市郊外に流入した労働者層を共産党が組織化して、多くの市町村で政権を担った。その上で、市政を通じて住宅改善や失業者支援などを実現して、これらの労働者の支持を固め、党の勢力拡大を軌道に乗せた(中山、二〇〇六)。

しかし、今日では、むしろ差別を助長し、分断を固定化させようとする勢力が支持を拡大している。フランスの国民戦線、オーストリア自由党など、「極右」あるいは、「右翼ポピュリスト政党」と呼ばれる存在がそれにあたる。本稿では、暴力的な手段で民主体制を破壊することを目指す、という含意も持つ「極右」の語ではなく、「右翼ポピュリスト」の名称を用いる。「右翼」や「ポピュリズム」の定義は難しいが(それぞれ、ボッビオ、一九九八／吉田、二〇一一参照)、ここでは、以下の簡単な定義の下で用いる。「右翼」とは、社会における平等を重視する左翼に対して、「秩序を維持するための権威を重視する政治的な志向」であり、「ポピュリズム」とは、「政治的な意思決定は、民衆の意思を純粋に反映したものでなければならない」という思想である。このポピュリズムの定義では民主主義との区別が難しいが、民主主義の運用手法をめぐって、「多元主義」や「立憲主義」との緊張関係の下に位置づけることで、主張の輪郭が見えてくる(古賀、二〇一三)。あるいは、中国の研究者が用いる「民粋主義」との訳語が、この概念の特徴を引き出している。

右翼ポピュリスト政党は、「ポピュリスト」の立場から、「政治的な特権を持つエリート」が「われわれ民衆」の政治的な利益を損ねている、という垂直軸の対立軸を打ち出している点に特徴がある。ただしその意味では、ポピュリズムそのものは、必ずしも分断を促す思想ではなく、「民衆」の間の連帯を実現する可能性も持つ。

しかし、今日西欧で支持を集める右翼ポピュリスト政党は、「われわれ民衆」の中に分断線をひこうとしている。これらの党は、移民や難民の増加に反対するだけでなく、国内のエスニック・マイノリティをも攻撃しているためである。一部の地方自治体などで指摘されている露骨な差別的取り扱いが典型的である(古賀、二〇一五)。

さらに、右翼ポピュリスト政党は半ば意図的に、「移民」の語に自国籍のエスニック・マイノリティも暗に含ませる。西欧では、人種差別は政治的に最大のタブーの一つであるが、右翼ポピュリスト政党は、「財政的な制約」や「福祉」の論理を迂回することで、人種差別との批判を回避して、排外的な主張を展開するのである。

西欧の多くの国では、様々なルーツを持つ人々が暮らしている。その中には、外国で生まれてその国に移住した「移民」もいれば、その子ども、孫の世代もいる。その中には、在住国の国籍・市民権を持つ人もいれば、そうでない人もいる。例えば、フランスで生まれ、国籍を持つ人が法的に「フランス人」であるが、移民的な出自を持つ場合には、しばしば、「移民」と呼ばれることがある。

これらの党は、九〇年代以降、「自国民」への社会保障の充実を主張して、支持を集めた。すなわち、稀少となった就業機会や社会保障給付を「限られたパイ」と見立て、「移民」を排除することで「われわれ国民」の取り分を増やすことを要求するのである。そのような主張に説得力を持たせるために、新たに入国する移民や難民だけでなく、国内において既に定住している移民の出自を持つ人々が「福祉に依存している」と主張する。こうした論法は、治安争点にも見られる。「移民の流入が治安を悪化させる」との主張を補強するために、これらの党は、国内に住む外国人や移民の出自を持つ市民の犯罪をことさらに強調することで、差別を助長する役割を果たしている。

こうした言説の一部は、主要政党の政治家にも受容されることで、影響力を拡大している。典型的にはイスラム教徒に対する、「女性や同性愛者を差別し、言論や信仰の自由などの普遍的な権利を認めない」との言説がある(水島、前掲書)。このような言説は、本来は多様な意見を持つイスラム教徒を画一的な存在と見なし、中東の保守的な宗教指導者と西欧の若者を混同するような誤認を招きやすいものである。それにもかかわらず、こうしたイスラム批判が、一部の国では統合政策にも影響を及ぼしている。

右翼ポピュリスト政党は、多くの国で、低学歴の、非熟練労働者や失業者などから支持を集めていると考えられている。主要な支持理由として、排外主義的な感情だけでなく、しばしば、既存の政党・政治家に対する不信感や政治的な疎外感が指摘されている。皮肉なことに、右翼ポピュリスト政党の支持者の中には、移民二・三世の若者らと同様に、就業上の困難を抱えている人も少なくない。右翼ポピュリスト政党は、同様の困難に直面した人々をエスニックな先入観により分断し、差別を助長することで、一定の支持を獲得し続けている。こうした手法は人々の階級的な連帯を難しくして、分断の固定化を招きかねない。

分断の背景

右翼ポピュリスト政党が台頭した原因は、西欧各国で様々である。ただし、いくつかの共通点も指摘できる。西欧では、階級や宗派、地域などを軸に自発的な結社や団体の組織化が進み、社会的な連帯の基礎を形作っていた。しかし、高度成長の進展により、脱工業化と個人化が進むと、ライフ・デザインは多様化し、個人の「選択の自由」が強調され、その反面としての「自己責任」の言説が影響力を増した(ベック、一九九八)。

さらに、社会的な連帯に物質的な基礎を提供した福祉国家は、一九八〇年代以降、財政的な制約の下で従来とは姿を変えることとなった。象徴的には、一九七九年にイギリスで政権を獲得したサッチャーによる改革が転機と考えられる。彼女の政策そのものが就任直後から国内で支持を集めたわけではなかったものの、大陸諸国の右派政党、とりわけ右翼ポピュリスト政党に影響を与え、イギリスと類似の民営化・自由化政策を要求する声の拡大につながった(Ignazi, 2003)。

それと同様に、あるいはそれ以上に大きなインパクトを与えたのが、一九八三年のフランスのミッテラン大統領による経済政策の「転回」であろう(吉田、二〇〇八)。八一年に成立した社会党と共産党の連立政権が、国際的な通貨投機からの攻撃を受けて当初の方針の撤回を余儀なくされた。保守系との保革共存政権(コアビタシオン)が成立すると、国有企業や公共サービスの民営化などが断行された。それまで、労働者など「民衆階層」を保護する役割を自他ともに認識された共産党は、こうした方針転換に巻き込まれたことで、支持者の失望を招いた。従来、共産党の支持が厚かった地域では、凋落した同党に代わって国民戦線が急速に支持を伸ばした。

さらに、ミッテランの挫折以降、九〇年代を通じて、欧州各国の中道左派政党は、「福祉から就労へ」という標語に象徴される、新たな福祉制度の導入を進めた。例えばデンマークでは、九〇年代の中道左派政権の下で、就労支援策を強化する一方で、失業手当の受給期間を短縮するなど、就労者への支援を圧縮した。

こうした改革は欧州統合とも並行して進んだ。一連の改革にとって象徴的な意味を持つのは、一九九三年に発効したマーストリヒト(欧州連合)条約である。統一通貨ユーロに参加するための財政基準を設定したこの条約は、各国の政治指導者に、財政再建のための社会・経済改革への動機と、国民に対する説明の根拠を付与した。例えばイタリアのように、ユーロへの参加が危ぶまれた国では、歳出削減や制度改革が急速に進んだ(伊藤、二〇一五)。

ただし、構造的な変化やそれに伴う改革には各国で一定の共通性が見られるものの、少なくとも一九九〇年代においては、右翼ポピュリスト政党の勢力は国により大きく異なった。その背景には、改革に先行する「分断」の状況の違いがある。その中でも、近年、国家による再配分の手法の違いが注目されている(中山、近刊)。

一九七〇年代の北欧、八〇年代のオーストリア、イタリアなどでは、右翼ポピュリスト政党は、当初、サッチャーの「新保守主義」にも影響を受け、反税ポピュリストとしての性格を強く持った(古賀、二〇一四)。その際、これらの党は、労働法規や営業規制の自由化を求め、国有企業の民営化などを通じた「小さな政府」を志向していた。このような主張は、欧州全域で支持を集めたわけではない。これらの党が勢力を拡大したのは、前記の他、フランスやベルギーなどの一部の国に限られ、イギリスやドイツ、スウェーデン、オランダなどでは、少なくとも九〇年代においては、こうした勢力への支持は限定的であった。

なぜこれらの諸国で支持を集めやすかったのかを考える上で、政党や政治家が個別的な利益と票を交換するという、社会分断的な政治手法が無視できない。「クライエンテリズム」と呼ばれるものである。イタリアやオーストリアは、欧州で最も典型的に、クライエンテリズムが蔓延した国とされる。高度成長期には、自らの受益を期待できる人々が多かったため、クライエンテリズムにつきものの政治的な腐敗も看過された。しかし、構造不況と財政危機の時代を迎えると、受益を期待できない人々からは、そうした手法への批判が高まった(古賀、二〇〇九)。右翼ポピュリスト政党による「既得権益者」と「われわれ一般民衆」という分断線の提示は、こうした文脈において一応の説得力を持った。

あるいは、クライエンテリズムは見られなかったものの、デンマークでも、反税ポピュリストの台頭は社会の「分断」状況に負うものであった。デンマークでは、失業手当や傷病保険の財源が、スウェーデンなどの近隣北欧諸国と比較して、就労者の拠出に過度に依存していた。このことが、高失業の時代に就労者の負担忌避に繋がり、右翼ポピュリスト政党への支持に結びついたと考えられている(Esping-Andersen, 1985)。

もっとも、右翼ポピュリスト政党が掲げた改革は、九〇年代を通じて、既成政党の主導で多くの部分が実現した。フランスやオーストリアでは国有企業は民営化され、デンマークでは、失業給付の受給期間は短縮された。そのため、これらの党をかつて支持した人々の一部は、主要政党に回帰したと考えられている。むしろ、今日、右翼ポピュリスト政党を支持しているのは、改革によって生活基盤が不安定化した人々と想定されている。支持層の変化に伴って、これらの政党は従来の改革主張を取り下げ、社会保障の充実を訴える一方で、エスニック・マイノリティを攻撃する姿勢に転じたのである(古賀、二〇一四)。

欧州懐疑主義もまた、九〇年代を通じて右翼ポピュリスト政党が採り入れた新たな争点である。政治指導者らによって、外的な要因が福祉の縮減の根拠とされたことで、右翼ポピュリスト政党は「民主主義の赤字」を掲げて一連の改革を批判した。民意と政治の実態の乖離《かいり》というポピュリズムの主張は、「統合を推進するエリート」と「それに反対するわれわれ民衆」という分かりやすい二分法として具体化され、欧州統合に伴う諸改革への批判とかみ合った。例えば一九九二年にフランスやデンマークで、主要政党がこぞって推進したマーストリヒト条約へ、国民投票で多くの反対票が投じられたことで、こうした主張が一定の説得力を持つに至った。

近年の、EUをめぐる様々な問題の噴出は、右翼ポピュリスト政党の欧州懐疑主義的な姿勢への支持を拡大させているように見える。実は二〇〇〇年代以降、右翼ポピュリスト政党は一時的に低調な時期を迎えていた。フランスでは国民戦線はサルコジに支持を奪われ、オーストリア自由党は政権入りした後に分裂した。しかし、二〇一〇年以降、右翼ポピュリスト政党は、再び、存在感を発揮している。その背景には、ギリシャ危機やシリア内戦の激化に伴う難民問題の深刻化がある。これらの問題は、世界規模の課題に欧州全体で取り組む際の各国の財政的・社会的負担を浮き彫りにした。右翼ポピュリスト政党は、ナショナリズムに依拠して、これらの負担をセンセーショナルに指弾する。これらの党が掲げる、「緊縮財政の下で国民への福祉がどんどん削られる中で、われわれは、なぜ、外国(人)への支援を増大させなければならないのか」という主張は、排外主義に抵抗を持つ人々にさえも、一定程度受け入れられている。

今後の展望

右翼ポピュリスト政党にとって、現代は、宣伝材料に事欠かない。難民問題は、その一つである。財政的な負担を強調することで、「人種差別的」との批判を避けながら排外的な主張を展開しやすい。加えて、出入国管理や移民・難民政策へのＥＵの関与が拡大したため、難民問題をＥＵ批判の糸口とすることが可能になった。ＥＵ加盟国への人口比に応じた難民の割り当てが進展すれば、受け入れに反発する世論を背景に、それを「押しつける」ＥＵへの批判は、訴求力を増すことであろう。

一部の国ではこうした勢力は政権にも参加し、移民・難民政策にも影響力を発揮している。例えば、デンマークではデンマーク国民党に支援された政権により、入国管理の厳格化や難民受け入れの抑制が進められた。これらの党が主導するような政策がエスニック・マイノリティの社会的な排除をもたらせば、それがさらなる偏見を助長するという悪循環の恐れもある。

もちろん、こうした事態を懸念する人々も多い。かつて西欧諸国では、極右勢力が暴力で権力獲得を目指した場合に、それらを法的に規制することで対応した。しかし、今日の右翼ポピュリスト政党は、少なくとも公的には、暴力的な集団とは一線を画しており、議会を通じた合法的な手段で勢力を拡大している。こうした事態に対処するために、主要政党や市民団体は、右翼ポピュリスト政党の言説に対抗しようとしている。

その一つの方法として、地味なやり方ではあるが、これらの政党が提示する様々な主張の根拠の乏しさを示すという努力が進められている。例えば、移民の増加が社会保障財源を圧迫するという主張に対して、各国の主要政党や政府関係者らは、具体的な数字を示しながら、それに反論している。「移民がわれわれの仕事を奪う」という言説に対しても、粘り強い反論が続いている。

より根本的な解決策は、排外主義の温床となる社会的な排除と向き合うことであろう。いわゆるISに参加する若者の増大は、差別と暴力の連鎖が現実のものとなりつつあることを示している。移民の出自を持つか否かを問わず、若者の「社会的な統合」を促す政策は、就労支援や社会参加の促進など、これまでも実施されてきた。こうした諸策の成果は一朝一夕には表れないものの、粘り強く続けられることが必要であろう。

こうした諸策を継続する際に障害となるのが、財政上の課題である。とりわけ、EUの定める財政規律は、各国の財政を大きく制約する。欧州統合に伴い、各国で財政規律が強化され、歳出削減が余儀なくされた。右翼ポピュリスト政党は、オランダやオーストリアなど、欧州経済の

「優等生」と目される諸国でも支持を集めている。一部の研究は、これらの諸国での「就労強化」に伴う労働環境の悪化が排外主義を招いていると指摘している（Flecker ed. 2007）。しかし、かつてはドイツが欧州の財政基準を逸脱した時期もあり、これらを弾力的に運用する可能性は皆無ではない。排外主義は、今日、欧州共通の課題となっている。欧州規模でこの問題と向き合うための工夫が求められる。

ただし、右翼ポピュリスト政党が様々な統合政策を批判して支持を集めている現状をふまえるのであれば、これまでと同じやり方だけでは、不十分と言えるかもしれない。改めて、差別と暴力の悪循環の根にある、エスニックな分断に目を向ける必要があろう。その意味で、前述のフランス共産党の例は、示唆に富む。「同じ白人の移民だから連帯が可能だった」というのは、後の時代の視点であり、当時の厳しい差別を軽視した発想と言える。分断を促す政党に対抗する勢力として、改めて、連帯を築く政党の役割に期待したい。

〈参照・引用文献〉

伊藤武（二〇一五）『イタリア現代史――第二次世界大戦からベルルスコーニ後まで』中央公論新社。
古賀光生（二〇〇九）「脱クライエンテリズム期における選挙市場の比較分析――西欧極右政党の動員戦略を通じて」『政治と暴力――年報政治学二〇〇九年Ⅱ』。
古賀光生（二〇一三）「組織、戦略、動員――右翼ポピュリスト政党の政策転換と党組織（一）」『国家学会雑誌』一二六巻五・六号。
古賀光生（二〇一四）「新自由主義から福祉排外主義へ――西欧の右翼ポピュリスト政党における政策転換」

『選挙研究』三〇巻一号。

古賀光生（二〇一五）「欧州における右翼ポピュリスト政党の台頭」山崎望編『奇妙なナショナリズムの時代』岩波書店。

ベック、ウルリッヒ（一九九八〔原著一九八六〕）東廉・伊藤美登里訳『危険社会――新しい近代への道』法政大学出版局。

ボッビオ、ノルベルト（一九九八〔原著一九九四〕）片桐薫・片桐圭子訳『右と左――政治的区別の理由と意味』お茶の水書房。

中山洋平（二〇〇六）「コラムXIII――赤い郊外」谷川稔・渡辺和行編著『近代フランスの歴史――国民国家形成の彼方に』ミネルヴァ書房。

中山洋平（近刊）「福祉国家と西ヨーロッパ政党制の「凍結」――新急進右翼政党も固定化されるのか？」水島治郎編『変貌する保守』岩波書店。

水島治郎（二〇一二）『反転する福祉国家――オランダモデルの光と影』岩波書店。

吉田徹（二〇〇八）『ミッテラン社会党の転換――社会主義から欧州統合へ』法政大学出版局。

吉田徹（二〇一一）『ポピュリズムを考える――民主主義への再入門』ＮＨＫ出版。

Esping-Andersen, Gøsta (1985) *Politics against markets: the social democratic road to power*. Princeton University Press.

Flecker, Jörg (ed.) (2007) *Changing working life and the appeal of the extreme right*. Ashgate.

Ignazi, Piero (2003) *Extreme right parties in Western Europe*. Oxford University Press.

5　固定化され、想像力を失った日本社会

津田大介

「固定化された権力」の象徴としてのマスコミ

人間は異なる価値を持っている。その意味では、社会に分断線があったとしても、それぞれの主張に耳を傾け、価値観の相違を尊重し合えるのであれば、分断線そのものに問題があるということにはならない。

だが、分断線のこちら側と向こう側とで明らかに境遇がちがい、一方に有利な状況が「固定化して変化しない」とするならば、分断はたちまち対立の原動力に変わってしまう。

ネット時代における「固定化された権力」の象徴が他ならぬマスコミである。マスコミは、ネットでは、「マスゴミ」と揶揄《やゆ》されるほどに嫌悪されている。だが、それも理由がないことではない。たとえば、テレビ局は、下請けの制作会社にブラックな労働を押しつけながら、格差や非正規雇用の問題を取りあげる。批判者である彼らは、分厚い正規雇用の保護のもとにあるにもかかわらず、だ。「マスコミが非正規のための大キャンペーンを本気でやるわけがない」、そんな不信感がネットには蔓延している。

秃論文が取りあげたのは「格差の正当性」だった。だが、ここで重ねて問いたいのは、その正当性を誰が決めているか、という問題である。

ネットでマスコミを批判する者たちは、なにが正当であるのかを一方的に決める傲慢な存在として、マスコミを見る。この正当性を疑ってかかるネットユーザーからすれば、「マスコミが決める基準には正当性などないのに、あたかもそうであるかのように彼らが振る舞う以上、私たちは、まずは、批判から始めなければならない」ということになる。

社会の出来事を評価するために存在してきた基準が、その正当性を失った瞬間、人びとは、それぞれの関心や主観から、自由に批判をおこなうことが正当だと考えるようになる。

低所得層の貧困が問題だとしよう。従来、新聞であれば、記者が自らの価値観にしたがって取材先を選び、それを代表的な貧困の事例とみなして読者に提供してきた。だが、ネット上では、その事例とは異なる経験をもつ多くの人びとが、自分の経験を貧困の現実として自由に語り、報道がいかに偏向したものであるか、いかに主観に満ち溢れたものであるかを徹底的に批判することになる。その極端な例が「炎上」である。

じつは、これは、祐成論文が指摘した「住む必要のない人が公営住宅に住んでいる」という「不公平感」と関わっている。

私たちが目にする社会問題には、明らかに「炎上しやすい」問題が存在している。禿論文が論じたように、たしかに、日本社会では、公平感の基準として「責任を果たしているかどうか」が問題となる。これと同時に、日本人の公平感を語るうえで見逃すことができないのは、まさに古賀論文、吉田論文が問題とした「楽をしてお金を得ているやつを引きずり下ろしたい」という強者への妬みや憎しみ、いわゆるルサンチマンである。

これを象徴的にあらわしたのが、東京五輪のエンブレム問題だろう。マスメディアであれだけ取り上げられたにもかかわらず、結局、佐野研二郎氏の当該エンブレムのデザインが盗用だったかどうかは、誰も証明していない。その他の仕事では盗用もあったと報じられているが、ことエンブレムに関しては、本人も組織委員会も盗用はなかったと断言している。明らかになったのは、ネット世論の圧力に本人が耐えきれなかった、ということだけである。その背景の一部に「苦労せず、コネも使って、いい思いをしているんだろう」という「疑念」が渦巻いていたことは見逃せない。

社会には、「公平」とともに、「公正」という価値がある。もし、部活で先輩からの体罰があったとしよう。下級生はそのことを恨みに思いながらも、自分が上級生になったときに下級生に同じことをする場合が少なくない。これは日本人のゆがんだ「公平」感そのものだ。つまり、「自分と同じように、新しいやつらもひどい目にあわないと公平ではない」という情緒である。「公正」に考えれば、体罰自体がおかしい以上、そのような不幸をなくすことが本来のあるべき姿である。だが、私たちは、誰かが得をして、自分は損しているとついつい考えてしまう。こういう疑心暗鬼ともいうべき感情が蔓延しているときに出される、その感情を刺激する記事、それこそがネットで「炎上」を巻き起こす記事である。

反対に言えば、「正当性を手に入れる競争」のなかで、ルサンチマンを巧みに利用するメッセージが多くの支持を得るということでもある。これは、小泉政治や橋本政治、あるいはその背後にある新自由主義的なイデオロギーにもつながる、重要な論点である。

想像力の欠如

この正当性を手にするための競争のなかで、相手の主張を正しく理解し、その問題点を適切に批判したことの結果であれば、例え炎上が起きたとしても、それなりに意味があるものということができるかもしれない。だが、現実には、ユーザーとユーザーとの間には、決定的な分断線が引かれている。それは、相手の立場や境遇を理解する前提ともいうべき、「想像力の欠如」によってもたらされている。

人間は未来を予見することはできない。いつ病気になり、交通事故にあい、障がいをもつようになるか。いつリストラされ、子どもを教育できなくなり、家を手放さなければならなくなるか。未来のことは誰にもわからない。不安と転落は常に隣り合わせだ。

ある程度の年齢層の人たちからすれば驚愕すべきことかもしれない。東芝やシャープのような超大企業さえ、経営危機を迎える時代になったのだから。多くの企業が、グローバル経済に巻き込まれ、徹底した合理化の道に追い込まれる危険性にさらされている。

この宿命的な危機、いや危機でなくとも、日本経済の慢性的な停滞を目の前にすれば、いつ自分たちが現在の地位から転落してもおかしくないことくらい、容易に想像できるはずだ。そして、不安をいくらかでも感じるのであれば、他者を容易に糾弾することはできないはずである。だが、必ずしも、私たちは、弱者になる可能性を想像すること、そして弱者の立場で起きる問題を適切に想像できてはいない。想像できずに炎上を娯楽として消費している。

社会の分断を語るうえで、想像力の問題は、決定的に重要である。

これは、井上達夫が強調する「リベラリズムの反転可能性テスト」の問題と関わっている。反転可能性テストとは、相手の立場になったとき、自分の批判を相手の立場にたった自分が受け入れられるかを問い返すことである。これは、先に触れた「公正」の重要な前提でもある。要は、体罰を受ける立場に自分が立ってもなお、同じ行為を相手にできるかどうかを考えられるかどうか、ここに公正か否かの分岐点がある。

想像力を失った社会は深刻である。なぜならば、反転可能性テストをくぐり抜け、相手の立場に立って物事を考えるとしても、つまり、リベラリズムの公正の基準を満たそうと努力しても、相手の立場を想像できないのであれば、正しく、相手の立場に立って物事を考えることは難しいからである。ときには、「俺はいやだけど、あいつは受け入れるだろう」と簡単に思い込むことができるかもしれない。

注意しておきたいのは、この想像力が失われ、分断が加速されたという側面にくわえて、以前からじつは存在していた分断線が「可視化」されることがありうることである。

私が東日本大震災の一カ月後に南相馬に取材に行ったときのことである。そのとき、津波で全壊した工場を片付けていたある男性に出会った。彼は工場の経営者だったが、取材中に堰を切ったように飛び出したのが、同じ県内の別地域、中通りへの不満だった。彼は、福島県では、知事がほとんど中通り出身者だったこと、そのことが浜通りの発展を遅らせてきたことを、延々と四〇分ほど話しつづけた。

地域内の対立は日本全国どこでもよく聞く話である。だが、この事例では、原発事故という過酷な経験によって、隠れていた問題や不満が一気に噴出したわけだ。平常時には見えなかったものが、ひとたび歯車が狂うと可視化される。想像力の欠如が分断を生み出した可能性と同時に、存在しつつも見えなかった分断が、例えば事故や生活水準の悪化、外国人労働者の増大などをきっかけに、一気に顕在化してしまう可能性を考えることも重要である。

臭いものに蓋をせず、記録を残す

哲学者の中村雄二郎は、鈴木忠志との対談本『劇的言語』で、興味深いケガレの意識について語った。かつて荘園領地で殺人が起きると、加害者は当然罰せられるが、被害者と加害者が立ち寄った家も焼き払われたそうなのだ。いわば、日本では不吉なことが起こったら、それにかかわるすべてをなかったことにしていたわけである。中村は、ネガティブなことは「なかったこと」にすることが日本の共同体の知恵、システムだったと言う。

こうした「臭いものに蓋をする」ような日本社会の特性は、現在にも引き継がれている。典型的な事例をあげれば、ポーランドにあるアウシュヴィッツ収容所のように、悪い過去、暗い記憶に関わるものもきちんと残しておこうとする海外と、敗戦とともに多くの歴史資料を燃やしてしまい、それらを「なかったこと」にしてしまった日本との違いは際立っている。

東北でも震災後に残った倒壊した建造物、いわゆる震災遺構がなくなりつつある。「当事者」はそれを見るのは辛い、なくしてほしいと言う。おそらくはそれに配慮した結果なのであろう。

だが、その場合の「当事者」とは誰をさすのだろうか。原発事故は、福島の人びとにとっては一刻も早く忘れたい凄惨な記憶だろう。だが、同時に、原発事故は、人類全体が直面する大きな課題でもある。その課題と関わりのある何かを、住民の感情や思いだけで判断し、破壊してしまってよいのかという問題は最後まで残される。

これは「公正」の裏返しの問題でもある。福島をはじめとする東北の人びとの立場にたてば、震災遺構は辛いものだから、その感情に逆らってまで維持することは難しい。だが、人間にとって、この記憶をなかったことにしてしまうことが望ましいかどうかは、また別の判断が必要だろう。

いずれにせよ、押さえておかなければならないのは当事者の感情のみを基準にすることは、「臭いものに蓋をする」ことと紙一重の危険性があるということである。どう記憶や現実を教訓として遺していくのか。いまの日本人がそれぞれの生活や政治的な立場があって、にわかにこの答えを出せないとするならば、せめて、データのかたちで後世の検証に耐えうるようにアーカイブ化しておくべきだ。

日本では、公文書管理法ができたのがつい最近、二〇〇九年のできごとである。それまでは、公文書の保存について法的な規定すら整備されていなかったわけだが、これは現実に起きたことを忘れ去ることを認めてきたに等しい。この過去は繰り返されてはならない。

少なくとも民主主義国家である以上、政府は自らが行なったことについて説明責任を果たさなければならないし、人びとはそれを知る権利を持っている。政府の意思決定の過程を記録し、公文書館で保管し、将来的に公開していく仕組みを整えることは、非常に地味ではあるが、大切な作業である。

臭いものに蓋をすれば、相手が見えず、理解できないのであるから、おそらくは想像力を育むこともできないだろう。さらにいえば、相手が見えず、理解できずにいたとすれば、無意識のうちにあちらとこちらの分断線を引くことにもつながるだろう。問題を直視し、お互いを理解しあい、そして想像力を培っていくためにも、記録を残していく努力は、分断社会の深化を食い止めるための絶対条件ではないだろうか。

Ⅲ　想像力を取り戻すための再定義を

井手英策・松沢裕作

本書の各論文をとおして浮かびあがったのは、日本社会で進みつつある「再定義」と「あるべき再定義」との間にあるギャップだった。

吉田論文が注目したのは、「利益の組織化」から「憎しみの組織化」へという再定義だった。財政状況が悪化し、所得再分配と生活保障からなる利益の組織化は行き詰まった。一方、歴史認識や女性の地位、エスニック・マイノリティの問題など、文化的領域の論点が争点化され、他者への憎しみによって政治が組織化されていった。こうした変化は、所得・生活格差を伴うものであり、そこから生じる分断は民主主義を根底から覆そうとしている。

古賀論文は「排斥の論理」の再定義を問題にした。欧州の右翼ポピュリストは闇雲に人種差別を行う暴力的存在ではない。彼らは、仕事や福祉も含め、資源配分の不公平を問い、移民や難民、マイノリティを排斥しつつ、「彼ら」と「われわれ」という新たな分断線を巧妙に作りだした。これは、正規労働者が非正規労働者を、非正規労働者が生活保護受給者をという具合に、新たな「われわれ」が生まれつつある日本の状況と相似をなしている。

祐成論文は、「公営住宅は困っている人に」という際の「困っている人」とは誰かを私たちに問いかけた。歴史的に見れば、住宅は、国家や企業への貢献に対する「報償」としての性格を帯びてきた。財政状況が悪化した近年、「困っている人が入れるように」という説明のもと、困っていないと定義された低所得層、あえていえば、国家や企業に貢献度の低い低所得層を締め出すかたちで、資格条件の厳格化、再定義が進んでいる。

禿論文が問題としたのは、「格差の正当性」であった。かつての男性臨時工は、パートタイマー、とりわけ主婦のパートタイマーに置き換えられた。そして、責任の低さを理由に、パートタイマーの低い賃金や不安定な就労環境は「正当」なものであるとみなされた。いま、第二次安倍政権のもとでは、何が同一労働なのかをめぐって、方向性が定まらぬまま、「同一労働同一賃金」の議論が開始され、雇用と賃金の再定義が進み始めている。

津田論文では、メディアの正当性の瓦解、ネットにおける新たな正当性の形成と炎上現象、その背後で静かに広がっている想像力の喪失という問題が取りあげられた。この想像力の喪失と分かちがたく結びついていたのが、臭いものに蓋をする日本社会の特性であった。正当性や権威の再定義がすすむプロセスでは、ルサンチマンに支配された競争が展開され、他者を理解するよりも、誤りや問題をあげつらうことが常態化してしまった。

歴史が大きく動くとき、それは通説や常識と呼ばれる見かたが説明能力を失うときでもある。そして、既存の定義が機能不全になり、それぞれが新たな定義をそれぞれの立場で自由に用いることで、社会の揺らぎは増幅されていく。

今回、私たちは、解決のための処方箋ではなく、問題の所在を明らかにすることを目的とした。

おそらくは、いまの日本社会で頻繁に目に留まる議論、耳にする主張が、どのように私たちの社会の分断を強めているかを確認することができたと思う。

分断が問題なのは、社会のいたるところに境界線が引かれ、他者に対する想像力が次第にうしなわれていくことで、私たちは「日本社会」の一員であること、「日本国民」の一人であることの実感をなくしてしまう、ということである。それは、肯定するにせよ、批判するにせよ、私たちが無意識のうちに前提としてきた社会や国民という概念そのものに疑問を投げかけるものである。

だが、それだけではなく、その時どきの支配者は、社会の凝集力を維持するために、もっともらしい装いをした偏ったイデオロギーでもって、なかば「一君万民」的に人びとを理念で結合し、社会や国民を力ずくで「建設」しようとするかもしれない。各層への分解と国家的・理念的結合、それが全体主義の時代を生むメカニズムである。

「再定義」は、これからもそれぞれの領域で不可逆的に進んでいくだろう。そして、再定義の仕方をめぐって、それぞれの立場から正反対のことが言われ、「われわれとは誰なのか」が繰り返し問い返されることだろう。だが、ハッキリしていることは、排外主義問題であれ、所得格差であれ、財政再建問題であれ、性別分業であれ、ネット上の論争であれ、弱者と弱者の間にくさびを打ち込み、そのことで既得権益を正当化するようなかたちでの再定義は、絶対に阻止しなければならない、ということである。

私たちの社会が他者への想像力をなくし、価値を分かち合えなくなったとき、社会は人間の群れとなる。そして、そのような群れが、妬みを動機として、他者を引きずりおろし、溜飲を下げる人びとから成り立つとき、私たちの生きる時代は「獣の世」となるだろう。

分断をなくし、対立点をなくすための絶え間ない努力、それは、「人間たちの社会」をめざすための再定義でなければならない。そのためには、いま、この社会に無数に引かれ、混線してしまっている分断線を一つひとつ解きほぐしていき、私たちの何と何が共通の関心であるのかを丁寧に考えていくほかない。「分断の政治」を「共通の政治」に変えられるかどうか。それは私たちが人間らしさを回復するための条件でもある。

【編者】
井手英策
慶應義塾大学経済学部教授．財政社会学．

松沢裕作
慶應義塾大学経済学部准教授．日本近代史．

【執筆者(執筆順)】
秃あや美(かむろ・あやみ)
跡見学園女子大学マネジメント学部准教授．社会政策．

祐成保志(すけなり・やすし)
東京大学文学部准教授．社会学，ハウジング研究．

吉田 徹(よしだ・とおる)
北海道大学法学研究科教授．政治学．

古賀光生(こが・みつお)
中央大学法学部准教授．ヨーロッパ政治，極右政党研究．

津田大介(つだ・だいすけ)
ジャーナリスト．メディア・アクティビスト．「ポリタス」編集長．

分断社会・日本
—なぜ私たちは引き裂かれるのか

岩波ブックレット 952

2016年 6月 3日 第1刷発行
2020年 10月 15日 第3刷発行

編 者 井手英策《いでえいさく》，松沢裕作《まつざわゆうさく》

発行者 岡本 厚

発行所 株式会社 岩波書店
〒101-8002 東京都千代田区一ツ橋 2-5-5
電話案内 03-5210-4000 営業部 03-5210-4111
https://www.iwanami.co.jp/booklet/

印刷・製本 法令印刷 装丁 副田高行 表紙イラスト 藤原ヒロコ

ISBN 978-4-00-270952-9 Printed in Japan

読者の皆さまへ

岩波ブックレットは，タイトル文字や本の背の色で，ジャンルをわけています．

赤系＝子ども，教育など
青系＝医療，福祉，法律など
緑系＝戦争と平和，環境など
紫系＝生き方，エッセイなど
茶系＝政治，経済，歴史など

これからも岩波ブックレットは，時代のトピックを迅速に取り上げ，くわしく，わかりやすく，発信していきます．

◆岩波ブックレットのホームページ◆

岩波書店のホームページでは，岩波書店の在庫書目すべてが「書名」「著者名」などから検索できます．また，岩波ブックレットのホームページには，岩波ブックレットの既刊書目全点一覧のほか，編集部からの「お知らせ」や，旬の書目を紹介する「今の一冊」，「今月の新刊」「来月の新刊予定」など，盛りだくさんの情報を掲載しております．ぜひご覧ください．

▶岩波書店ホームページ　https://www.iwanami.co.jp/ ◀
▶岩波ブックレットホームページ　https://www.iwanami.co.jp/booklet ◀

◆岩波ブックレットのご注文について◆

岩波書店の刊行物は注文制です．お求めの岩波ブックレットが小売書店の店頭にない場合は，書店窓口にてご注文ください．なお岩波書店に直接ご注文くださる場合は，岩波書店ホームページの「オンラインショップ」(小売書店でのお受け取りとご自宅宛発送がお選びいただけます)，または岩波書店〈ブックオーダー係〉をご利用ください．「オンラインショップ」，〈ブックオーダー係〉のいずれも，弊社から発送する場合の送料は，1回のご注文につき一律650円をいただきます．さらに「代金引換」を希望される場合は，手数料200円が加わります．

▶岩波書店〈ブックオーダー〉 ☎ 049(287)5721　FAX 049(287)5742 ◀